«*Solo* es una maravillosa historia del poder de Jesús que puede redimir todos los aspectos de nuestra vida. Es un gran libro que en lo personal me recuerda el amor de Dios. Verdaderamente me hizo llorar. Lo recomiendo de todo corazón».

—Dave Ramsey
Autor de grandes éxitos de ventas, según el *New York Times*
The Total Money Makeover

«Antes de ponerse a leer *Solo*, escrito por Rob Mitchell, asegúrese de tener a la mano suficientes pañuelos desechables. Esta historia lo atrapará desde la primera página y le permitirá comprender lo que es en realidad sentirse solo y rechazado. Sin embargo, más importante aún, pone en perspectiva las cosas más valiosas de la vida, como es tener una relación con Dios. Constituye un ejemplo espléndido de cómo la mano de Dios sana todas las heridas y nos impulsa hacia la meta, a fin de desarrollar a plenitud todo nuestro potencial. Cuando termine de leer el libro, podrá dejar a un lado los pañuelos y ponerse el casco para salir a conquistar el mundo».

—B_____ S. C_____ Sr., M.D.
_____tions
_____arson

«En_____que
nos_____l».
_____athy
_____ones
_____Inc.

«En_____giere
con_____s en
nues_____vards
_____lente
_____Inc.

«Este libro es una obra extraordinaria de literatura contemporánea que primero cautiva la mente del lector y luego su corazón. Comienza con un pequeño niño que debe enfrentarse al abandono, pero pronto se convierte en la lucha del lector con los temas universales de la soledad, el temor, el rechazo, el enojo, la amargura y cómo perdonar a otros y perdonarse uno mismo».

—Dotty Hoots
Profesora de inglés, Wesleyan Academy
High Point, Carolina del Norte

r.b. mitchell

SOLO

Una vida **en busca de** esperanza y un hogar

La misión de Editorial Vida es ser la compañía líder en comunicación cristiana que satisfaga las necesidades de las personas, con recursos cuyo contenido glorifique al Señor Jesucristo y promueva principios bíblicos.

SOLO
Edición en español publicada por
Editorial Vida – 2011
Miami, Florida

© 2011 por Focus on the Family

Originally published in English under the title:
Castaway Kid
Copyright © 2007 by R. B. Mitchell
By Focus on the Family - Colorado Spring, CO 80995 U.S.A.
All Rights Reserved. International Copyright Secured.

Traducción: *Marcela Robaina*
Edición: *Madeline Díaz*
Diseño interior: *Base creativa*
Diseño de cubierta: *Kaleidoscope Estudio Creativo*

ISBN: 978-0-8297-5836-8

CATEGORÍA: BIOGRAFÍA Y AUTOBIOGRAFÍA

IMPRESO EN ESTADOS UNIDOS DE AMÉRICA
PRINTED IN THE UNITED STATES OF AMERICA

11 12 13 ❖ 6 5 4 3 2 1

*A todas las personas que están
solas y se lastimaron
a sí mismas o sufrieron a causa del
maltrato o la indiferencia de otros…
y a aquellos que oran sin cesar para intentar
llevarles esperanza.*

Contenido

Agradecimientos

A Dios, que me guía más allá de lo imaginable si le presto oídos.

A Susan, mi esposa y compañera: tu belleza exterior queda opacada por tu hermosura interior, inteligencia, sensibilidad y capacidad de dar amor, que me han fortalecido en el viaje que emprendimos juntos.

A Alicia y Luke, mis dos hijos: ser padre ha sido la mayor alegría de mi vida.

A Paul: En el pasado solo fue un residente más, ahora es un hermano.

A mis compañeros de Rockford: Art, Paul, Marge y «las muchachas».

A Joe y Mary Davis: los padres de Susan ya fallecidos, unos suegros excelentes.

Además, deseo agradecer a…

Las personas de Princeton que no figuran en el libro, pero que trataron de ayudarme: Carol, Colleen, George, Helen, John, Ralph y Tim, y también a las familias Swanson y Malm.

Los compañeros de la universidad: los Eds, Barbie, David, Doug, Gerry, Jimmy, John, Kate y el grupo de jóvenes New Garden.

Los misioneros Ruth y Brad Hill, y Jan y Bob Thornbloom. *Mbote!*

Barry, Jay, Pete y Steve, el grupo de hombres que me ayuda a ser responsable y confiable.

Los hombres que participan de CBMC (Christian Business Men's Connection, una red de empresarios cristianos), en especial a Pat O'Neal.

Al matrimonio Cathy de la empresa Chick-fil-A y su fundación WinShape que atiende a los niños en situación de riesgo.

Los socios de Kiwanis que trabajan al servicio de los niños en situación de riesgo y me invitan a colaborar.

A mis compañeros de «Red Pen Partners» de Massachussetts, que hacen una lectura crítica de mis escritos.

A Dotty Hoots y sus estudiantes de la promoción 2004 en la Wesleyan Academy, un grupo humano increíblemente valioso.

A Phil Downer de los Ministerios DNA y a nuestro compañero, Ken Walker, por su constante estímulo.

A Ronda, Ruth y Vivien, que se ocupan de que todo funcione bien.

A Nanci y John, mis guías en Focus.

Y a Barbara Winslow Robidoux, mi asesora literaria que ahora se convirtió en mi amiga.

¿Es esta historia real?

ESTE ES UN LIBRO SOBRE la esperanza. Sin embargo, a la luz del malestar que últimamente ha generado la publicación de memorias que contenían «datos» dudosos, es legítimo preguntarnos si esta historia es real.

En ocasión de participar como orador en una jornada a fin de recaudar fondos para el Hogar de Niños Covenant, me enteré a través del director de que dado que yo nunca había estado bajo la tutela del estado, tenía acceso irrestricto a los archivos de mi caso. Mientras clasificaba una serie de documentos para mi propio registro, más de una vez pensé: *Si alguna vez escribo un libro, la gente creerá que inventé todo esto.*

Sin embargo, todo sucedió tal como lo cuento. No solo he reconstruido los hechos tan fehacientemente como los recuerdo, sino que también recurrí a lo que otros adultos involucrados en mi historia recordaban, a la información documentada por el asistente social encargado de mi caso, a las entrevistas consignadas en mi expediente, y al diario personal de mi abuela Gigi.

A fin de que otros niños del orfanato puedan contar su propia historia en el momento y la forma que ellos elijan, no he incluido nombres, con excepción de uno de ellos, y lo hice con su consentimiento. Ningún nombre de este libro es ficticio, aunque sí he usado apodos.

Me han dicho que tengo una memoria excepcional. Por supuesto, nadie puede asegurar una perfecta reconstrucción del pasado, pero los diálogos de este libro reflejan fielmente lo esencial de cada situación y los reproduje de forma tan literal como me fue posible. Todos los adultos citados que están vivos y con los que pude ponerme en contacto confirmaron mi recuerdo de los hechos en los que ellos intervinieron.

Sí, esta historia de esperanza es real. El lector podrá obtener más detalles en el sitio www.amillionlittleproofs.com.

*El hombre es
fruto del carácter,
no de las circunstancias.*

—BOOKER T. WASHINGTON
Un esclavo que llegó a ser educador

Abandonado

LA MAYORÍA DE LOS RECUERDOS de mis primeros años de vida se componen de imágenes difusas e imprecisas. Una de ellas, sin embargo, se destaca con absoluta nitidez.

El miedo la grabó a fuego en la mente de aquel niño de tres años.

Mi madre y yo estamos parados frente a un enorme edificio. Hay nieve apilada a lo largo de la vereda.

—Vamos, Robby —dice mi madre mientras me arrastra por los escalones hasta la puerta de entrada—. Nos están esperando.

Poco después nos encontramos en una habitación desconocida; no entiendo qué hacemos allí. Durante la noche me asustan los ruidos y las sombras; me despierto sollozando, y mi madre me hace callar.

Nos despierta un timbre estridente. Brilla el sol y las sombras que me atemorizaban han desaparecido. Los sonidos extraños que había escuchado de noche se convierten en risas y correteos.

Desayunamos en una habitación espaciosa con muchos niños, pero ellos no parecen vernos. Terminamos de desayunar, y mi madre me lleva al piso superior. Nos espera una señora desconocida que lleva puesto un vestido largo y oscuro.

—¿Por qué no vas a jugar con él? —me dice, señalando hacia un rincón donde un niño juega con unos bloques.

No me muevo de mi lugar.

—¡Robby, haz lo que te dicen! —ordena mi madre.

Indeciso, me aferro a la pierna de mi madre, pero ella se desprende de mí, me toma de un brazo y me lleva al rincón de juegos. Me sienta en el piso y quedo frente al niño, de espaldas a ella.

Intento alcanzar un bloque, pero el niño me lo arrebata. Cuando trata de acaparar todos los juguetes para sí, busco a mi madre para quejarme.

Solo veo a la señora extraña. Mi madre se ha ido.

—Tu mamá fue al hospital, Robby —me explica—. Tomó el tren de regreso a Chicago. Vendrá a verte cuando se ponga bien.

Veo el movimiento de los labios, pero no escucho lo que dice. Cuando finalmente comprendo que mi madre me dejó allí, comienzo a lloriquear.

—Basta de llanto, Robby —dice la señora—. Ve a jugar con los bloques.

—¡Quiero ir con mamá! —comienzo a gritar—. ¡Quiero ir con papá y con mi abuela Gigi! ¡Quiero ir a casa!

Después de los gritos, rompo en llanto y corro a la puerta. Intento abrirla, pero no puedo hacer girar el picaporte.

—Robby, deja de llorar o te daré unas buenas palmadas —me advierte la mujer.

—¡Quiero ir a mi casa! ¡Quiero ir a mi casa! —me tiro al piso, grito y pataleo.

Mi berrinche acaba con su paciencia. Me levanta de un tirón y me da varias palmadas. Por fin, aprieto los dientes y dejo de gritar.

La mujer se detiene, pero yo no puedo contener los sollozos.

Esa noche, los demás niños me ignoran.

A la mañana siguiente, me despierto en una cama mojada. La mujer me da una reprimenda.

Después del desayuno, cubre el colchón con un cobertor marrón de hule y coloca encima una sábana, también de hule color marrón. Permanezco acostado entre las dos planchas de goma toda la mañana.

El hule es caluroso y hace ruido cada vez que me muevo.

—¡Un bebé que se hace pis! —se burlan algunos niños—. El niño nuevo es un bebito que se hace pis.

Me siento avergonzado, pero el miedo me impide responder.

El ruido del hule me identifica como un niño malo, diferente.

Diferente de todos los demás niños que viven allí donde mi madre me abandonó.

* * *

No supe nada de mi madre en las semanas y meses siguientes, aunque sí estuve en contacto con mi abuela Gigi.

Ignoro cómo o cuándo descubrió dónde estaba. No obstante, una vez que me ubicó, todos los sábados viajaba en tren desde Chicago hasta Princeton, una pequeña comunidad rural en Illinois, para visitarme.

Gigi tenía más de sesenta años, era pobre y divorciada. Vivía sola en un apartamento muy pequeño y estaba empleada en las grandes tiendas Marshall Field, en el centro de la ciudad. Mi madre, Joyce Mitchell, era su única hija, y yo, su único nieto.

A Gigi no le resultaba fácil visitarme. Su apartamento estaba en el norte de la ciudad, así que debía salir temprano en la mañana y caminar cuatro cuadras por Ridge Boulevard hasta la calle Howard para tomar el autobús a la estación Howard. Allí tomaba la línea roja (Red Line) del tren elevado hasta Belmont, hacía trasbordo a la línea violeta (Purple Line) hasta Adams y Quincy, y desde allí caminaba varias cuadras hasta Union Station. El tren que la llevaba a Princeton era el California Zephyr, y el viaje duraba dos horas. Al bajar del tren, debía caminar cinco cuadras hasta el Hogar de Niños Covenant.

Cuando por fin me veía, Gigi se agachaba y esperaba que yo corriera a su encuentro. Apenas lograba mantener el equilibrio cuando me arrojaba en sus brazos. Recuerdo que me abrazaba fuerte y olía muy bien. Siempre lucía como una dama: era de complexión media y usaba vestidos sencillos que le sentaban muy bien, además llevaba aretes, collar, medias de nailon, zapatos de tacón y un sombrero que dejaba asomar sus rizos oscuros.

Nunca dejaba de preguntarme:

—¿Qué cosas nuevas aprendiste desde mi última visita?

Yo le decía todo lo que me venía a la mente y luego la llevaba al patio para mostrarle orgulloso mis destrezas en el columpio o las barras pasamanos.

También me sentía orgulloso cuando Gigi saludaba a otros niños y los llamaba por su nombre. Los niños del Hogar nos sentíamos felices cuando alguien recordaba quiénes éramos.

Al mediodía, Gigi y yo caminábamos hasta un pequeño restaurante no muy lejos del Hogar. Ella solo pedía un café; rara vez almorzaba. Me dejaba mirar el menú y luego sugería:

—¿Qué te parece una hamburguesa y un buen vaso de leche? Y de postre, helado.

Me parecía una excelente idea.

Sin embargo, las dos de la tarde llegaban muy pronto. Gigi debía despedirse para alcanzar el tren de las tres de regreso a la ciudad.

—Gigi, llévame contigo. ¡Por favor, por favor, llévame contigo! —suplicaba cada sábado.

Entonces ella se agachaba y con lágrimas en los ojos me repetía lo mismo una y otra vez:

—Querido Robby, tú eres mi nieto, mi tesoro. Me apena no poder llevarte a vivir conmigo. Me apena que tus padres estén demasiado enfermos para cuidar de ti. Conserva mi amor en tu corazón; siempre estará allí.

No entendía el significado de sus palabras. Lo único que sabía era que ese amor me colmaba cada sábado mientras ella estaba conmigo. Cuando se iba, me sentía solo y vacío.

Después de cada visita, la veía alejarse, apostado en la puerta del Hogar, con los brazos cruzados, las manos bajo las axilas y un ligero balanceo de izquierda a derecha.

¿Por qué no me llevas a tu casa?, lloraba en silencio. *Prometo portarme bien, Gigi. Lo prometo. ¡No comeré mucho! Por favor, no me dejes en este lugar.*

Finalmente, ella desaparecía de mi vista empañada por las lágrimas.

Y solo quedaba una persona que me podía abrazar… yo mismo.

Los niños más pequeños

No PUEDO DECIR CON CERTEZA cuántos meses pasaron hasta que dejé de mojar la cama, pero las sábanas de goma desaparecieron poco antes de la llegada de Nola. La nueva supervisora de nuestro grupo era una mujer práctica y eficiente, con una cálida sonrisa y ojos vivaces. Tenía veintinueve años y era soltera.

Usaba un vestido sencillo, bastante largo, o bien una camisa y pantalones pescadores, lentes de ojos de gata y ninguna alhaja. Tenía el cabello oscuro y ondulado, y siempre lo mantenía corto. ¡Cuando le preguntaban el motivo, se reía y decía que no podía ocuparse de su cabello y de doce pequeños salvajes al mismo tiempo! ¡Me enamoré de ella!

Nola reía con facilidad y prodigaba abrazos con la misma desenvoltura. Nos daba unas palmadas cuando era necesario, pero solo por una buena razón, y lo hacía con amor. Su afecto constante contribuyó a llenar en parte el vacío de mi corazón. Entonces pude dedicarme a conocer mi nuevo entorno.

El Hogar de Niños Covenant estaba ubicado en un predio triangular de ocho hectáreas (veinte acres) en el extremo noreste de Princeton. La propiedad estaba flanqueada por campos de maíz y de soja a un lado y por potreros al otro lado.

En el edificio principal estaban los dormitorios, las oficinas, el comedor y un salón para las visitas. Había una construcción más pequeña donde se hallaba la lavandería en la planta alta y la caldera en la planta baja. Algo más lejos se encontraba la huerta, y también un granero y un gallinero.

En la parte posterior, a resguardo de la calle Elm, había un enorme espacio para juegos. Teníamos columpios, una calesita, un poste con una pelota atada a una cuerda, una cancha de baloncesto y un terreno de béisbol. Lo que más me gustaba era una gigantesca estructura de color rojo brillante con argollas para hacer gimnasia, pasamanos, postes para trepar y deslizarse, y escaleras altas. Aunque todavía no me animaba a subir tan alto.

Estábamos organizados en cuatro sectores: los niños menores, las niñas menores, los niños mayores y las niñas mayores. Los niños mayores ocupaban el segundo piso del edificio más pequeño; las niñas menores y mayores ocupaban el tercer piso del edificio principal; y los niños pequeños, el segundo piso.

En nuestro sector vivíamos entre ocho y dieciséis niños menores de diez años. Nola vivía con nosotros, poseyendo un cuarto pequeño y un baño privado en el mismo piso.

Nuestro baño, en cambio, no tenía nada de privado. Todo era doble, y todo de color blanco: dos divisiones de madera pintada de blanco separaban los dos inodoros blancos, blancas eran las baldosas del piso y las dos bañeras de hierro fundido, y también eran blancas las dos piletas colocadas a poca altura del piso para que los niños pudieran lavarse sin dificultad.

Había una sala espaciosa acondicionada con una alfombra gruesa y resistente, dos sofás grandes y robustos, un par de sillas rústicas, y dos mesas de gran tamaño para hacer los deberes, dibujar y jugar juegos de mesa. El televisor, de color marrón, era más grande que yo y tenía una antena interior que recibía la señal de las pocas estaciones de televisión que podíamos sintonizar.

Los cuatro dormitorios estaban equipados con camas individuales de hierro y tenían pisos de linóleo de color negro. Un dormitorio tenía tres camas; otro, cinco, y los dos restantes, cuatro.

Una cómoda de roble con varios cajones completaba el mobiliario. A cada niño se le asignaba un cajón, según su altura. Mi cajón era el último; con tres años de edad, era el de menor estatura.

Aprendí que esos cajones guardaban nuestros tesoros secretos. Si alguien se atrevía siquiera a espiar el contenido del cajón de otro niño, recibía una paliza de todos los compañeros de la habitación. Yo guardaba principalmente piedras bonitas y plumas que recogía en el patio. Abría el cajón al menos una vez al día para asegurarme de que seguían allí. Algunos niños nunca abrían sus cajones.

Era difícil seguir la pista de todas las personas en el Hogar. Con frecuencia, los niños iban y venían. No había tiempo suficiente para hacer amigos. Algunos se quedaban solo un par de días. Otros, un par de meses o a veces más tiempo. A menudo los niños llegaban enojados, confundidos y frustrados.

Formar parte de una comunidad muy numerosa no servía de mucho; vivíamos con muchos otros niños, pero cada uno de nosotros se sentía solo.

Dado que el personal debía lidiar con niños de entornos familiares y vivencias muy diversas, para asegurar el orden todos cumplíamos normas muy estrictas y seguíamos una rutina diaria fija.

Por ejemplo, en la mañana nadie podía levantarse antes de que tocara la campana. Podíamos incorporarnos en la cama, conversar, incluso sentarnos con las piernas colgando, pero no podíamos poner los pies en el piso. Bastaba que Nola viera la punta de un pie en el piso antes de sonar el timbre para que nos metiéramos en problemas.

A las siete en punto de la mañana se escuchaba la campana y todo nuestro sector se ponía en marcha. Saltábamos fuera de la cama y sin pérdida de tiempo la tendíamos tal como le gustaba a Nola. Luego corríamos al baño, donde la espera obligada para usar el inodoro nos ponía en una situación difícil.

Nos cepillábamos los dientes y nos lavábamos la cara en una pileta compartida con otro niño, y luego nos vestíamos de prisa. Se vivía una escena un poco alocada en el momento en que ocho o dieciséis niños se dirigían en estampida al salón vestidor y se arrojaban al piso para recoger la ropa que Nola había colocado frente a cada casillero.

Los casilleros no tenían puerta, se hallaban empotrados en la pared y la madera estaba pintada de un color que me recordaba la sopa de arvejas. Eran lo suficiente anchos y profundos para permitir que nos escondiéramos detrás de la ropa. Había un espacio entre la base del casillero y el piso, y allí se guardaban los zapatos, uno o dos pares para cada niño. Muchos niños llegaban al Hogar solo con lo puesto, de modo que eran muy pocos los que usaban el casillero para guardar su propia ropa.

La mayor parte de nuestra ropa provenía de familias de la localidad, que la donaban a medida que sus hijos crecían, o de donaciones de algunas tiendas de ropa o grupos de las iglesias. Los niños menores solíamos usar camisas a cuadros o camisetas blancas lisas. Los pantalones rara vez eran de la talla correcta, así que por lo general usábamos tirantes. Si eran demasiado largos, Nola nos ayudaba a enrollar las piernas del pantalón.

Una vez vestidos y listos, entre manotazos y empujones, nos alineábamos detrás de Nola como un ejército algo estrafalario. Bajábamos las escaleras en dirección al comedor donde se servía el desayuno a las siete y media. En el Hogar, la hora de las comidas no era un momento para socializar, sino se trataba de una tarea que debíamos cumplir. La mayoría de nosotros devorábamos la comida en cinco minutos, pero por razones nunca reveladas debíamos permanecer sentados a la mesa durante un mínimo de diez minutos.

Después del desayuno, los alumnos de secundaria iban a la escuela estatal de Princeton en un autobús amarillo de aspecto deslucido, con un gran cartel que proclamaba HOGAR DE NIÑOS COVENANT, el cual delataba de dónde venían los estudiantes. La escuela primaria Douglas distaba solo dos cuadras del Hogar, de modo que algún funcionario de la institución acompañaba a los niños a pie y luego iba a buscarlos.

Hacía tiempo que no ingresaba un niño tan pequeño, de modo que además de ser el menor, yo era el único que no concurría a la escuela. Me encantaba tener a Nola solo para mí. Siguiéndola a todas partes como si fuera un cachorrito tierno y juguetón, la ayudaba a separar la ropa que debía llevar a la lavandería. Nola colocaba algunas prendas dentro de una funda de almohada y yo la cargaba o arrastraba orgulloso escaleras abajo, salíamos del edificio, cruzábamos la cancha de baloncesto, y nuevamente subíamos la escalera hasta la lavandería, con sus enormes máquinas lavadoras y secadoras.

Para evitar problemas y mantenerme alejado del piso cubierto de pelusa, Nola me sentaba sobre una mesa y desde allí yo observaba el trajinar de las mujeres encargadas de lavar la ropa y las sábanas de sesenta niños y el personal del Hogar. Siempre colaboraban voluntarias de una congregación local, la Iglesia del Pacto (en inglés, *Covenant Church*), por lo cual se llamaban a sí mismas «las Covy». Observaba cómo sacaban las prendas y las sábanas aún calientes de las secadoras y las volcaban en grandes canastos con ruedas que empujaban hasta las largas mesas donde se doblaba y clasificaba la ropa.

El trabajo de la lavandería no era responsabilidad de las supervisoras, pero Nola se empeñaba en planchar las camisas que usábamos el domingo. Cuando alguien le preguntaba por qué lo hacía, daba una respuesta simple y directa:

—No me molesta hacerlo. Algunos de los niños son alérgicos al almidón y a otros les gusta que la camisa tenga mucho almidón, de modo que yo respeto el gusto de cada uno. Para mí no es molestia, y para ellos es importante recibir algún tipo de atención especial.

Aquellos días en que las mujeres de la lavandería se encontraban de buen humor, cuando el trabajo estaba casi terminado, esperaba una distracción de Nola para zambullirme dentro de un canasto de sábanas recién lavadas, aún tibias.

—Robby, ¿dónde estás? —preguntaba simulando preocupación—. ¡Robby! ¡Robby! ¿Dónde se habrá metido ese niño?

Nola buscaba entre la pila de sábanas con gran aspaviento, mientras la ropa se sacudía a causa de mis esfuerzos por contener la risa.

Por fin, me tomaba de los talones y me sacaba cabeza abajo, chillando como un cochinillo, pero muy feliz.

—¡Aquí estás! —exclamaba con fingida alegría—. ¡Pensé que te habías perdido!

Cuando los demás niños regresaban de la escuela, Nola dejaba de pertenecerme solo a mí. Llegaban en medio de un estruendo, dejaban los libros y se sentaban a compartir una merienda de jugo y galletitas. Algunos niños jugaban y otros cumplían tareas mientras Nola revisaba los deberes para el día siguiente y las notas de los maestros. Esto último por lo general derivaba en un regaño a uno o dos niños por haberle contestado de mala manera a una maestra o pelear en el patio de la escuela.

A las cinco de la tarde nos lavábamos la cara y las manos y nos dirigíamos al comedor. De pie, parados en los cuadrados negros o rojos del piso de linóleo, unos sesenta niños y seis adultos repetíamos la misma oración antes de cada comida: «Dios es grande; Dios es bueno. Le damos gracias por estos alimentos. Amén». El coro resonaba con fuerza, pero se escuchaba como una cantinela: «Esto ya lo dijimos miles de veces».

Enseguida comenzaba el ruido y el alboroto. Los varones se daban codazos entre sí o les hacían muecas a las niñas. Se escuchaba el arrastrar de las sillas. En mi caso, era lo único que podía hacer para alejar la pesada silla de roble de la mesa y treparme. Por supuesto, no lograba acercarla a la mesa de nuevo, y eso me resultaba humillante. Siempre necesitaba que Nola viniera en mi ayuda.

No veía la hora de ser más grande y manejarme solo. Mejor aún, esperaba poder imitar a los niños mayores que colocaban una pierna a cada lado del respaldo y usaban la silla como si fuera la montura de un caballo.

Después de la cena, la rutina era que los mayores fueran a su habitación a hacer las tareas escolares, mientras Nola alistaba a los más pequeños para ir a dormir. Los miércoles y los sábados nos correspondía bañarnos. Lo cumplíamos entre rezongos; para nosotros una vez a la semana hubiera sido más que suficiente.

Por supuesto, nuestras quejas servían de poco. Nola tenía una misión y estaba decidida a llevarla a cabo. Solo contaba con dos bañeras para su inquieto rebaño, y su objetivo era bañar a seis niños antes de cambiar el agua. Eso implicaba dos niños en cada bañera. El primer par disfrutaba de un buen baño, el segundo par quedaba relativamente limpio, y los dos últimos solo se divertían un rato.

A las siete, con los pijamas puestos, Nola nos reunía en la sala como la mamá gallina junta a sus polluelos. Esa era la hora de contarnos una historia de la Biblia.

Nos acomodábamos en el sofá de roble que estaba en el rincón. Nola se sentaba en el medio y pasando el brazo sobre mi hombro llamaba a los menores a sentarse junto a ella. Los mayores se sentaban en el piso con las piernas cruzadas o bien se tendían boca abajo. Nola exigía silencio y atención; nada de charla ni distracciones. Yo no sabía nada sobre la Biblia, pero me daba cuenta de que era un momento especial.

Luego, todos íbamos a la cama. Nola se arrodillaba al lado de cada lecho y susurraba una oración al oído de cada uno de nosotros, nos daba el beso de las buenas noches, y nos decía cuánto nos quería.

Una noche me desperté y sin hacer ruido caminé hasta el baño. La puerta de la habitación de Nola estaba abierta, y me pareció que mientras oraba, decía nuestros nombres. De regreso a la habitación, escuché su grito:

—¡Robby, tira de la cadena!

Nunca supe cómo lograba reconocer la manera de caminar de cada uno de nosotros.

Cuando pasé de nuevo frente a su cuarto, me detuve y golpeé la puerta. Nola abrió y me preguntó qué deseaba; llevaba puesto un camisón de franela de color rosado liso.

—¿Qué pedías en tu oración? —le pregunté—. ¿Que nos portemos bien?

—No, Robby. Le pido a Dios que me ayude a encontrar algo que pueda amar en cada uno de ustedes —confesó con naturalidad.

No supe qué responder. Sin embargo, antes de pensar una respuesta, me levantó y me dio un fuerte abrazo. Me cargó de regreso a mi cama y en tono risueño me dijo:

—¡Aunque quizás *tú* necesites algunas oraciones *extras* para que te portes bien!

Una vez más llegó el invierno. Recibía la visita de Gigi puntualmente cada semana, y el cuidado y el cariño de Nola me rodeaban de forma permanente. No obstante, la soledad persistía.

No sabía mucho sobre los niños «normales», pero anhelaba dejar el lugar donde vivía y tener mi propio hogar, mi propia familia.

Pasaron casi dos años sin que tuviera noticias de mi madre; ella era apenas un vago recuerdo.

De pronto, inesperadamente, las cosas cambiaron. La mujer que me había dejado en manos de extraños regresó, provocando un nuevo caos en mi vida.

[3]

El tornado

OCURRIÓ EN 1959. YO TENÍA cinco años y habían transcurrido casi dos desde que mi madre me abandonara. De pronto, un día surgió de la nada. Nola me llevó a la sala de visitas y allí estaba mi madre, de pie en medio de la sala. Corrí hacia ella y me abracé a sus piernas. *Me voy a casa*, pensé. *Mamá salió del hospital y vino a buscarme. ¡Me voy a casa!*

—Hola, Robby —me saludó sin mucha efusividad—. ¿Cómo has estado?

No supe qué responder. Mi madre no se agachó ni me abrazó como Gigi, así que me prendí de su mano y le pedí que me acompañara al patio, como hacía Gigi, para mostrarle mis logros en el columpio y el pasamanos.

—Eso no es importante, Robby —respondió fríamente—. Tenemos cosas mucho más importantes de qué hablar.

Sintiéndome como un cachorrito al que se le aparta de un puntapié, solté su mano, bajé la cabeza, y me quedé callado.

—Almorzaremos en el centro —anunció mi madre. Luego me tomó de la mano y se dirigió a la puerta caminando tan aprisa que debió tironearme para que yo pudiera mantener su ritmo.

Salimos del edificio y caminamos varias cuadras en busca de un restaurante. Hablaba de manera confusa sobre cosas que yo no entendía:

—Hay demasiados inmigrantes en este lugar. Deberían enviar a los negros de regreso al sur. Que los manden a Atlanta y se ocupe de ellos allí tu abuela Pauline. ¡Esa bruja! Destruyó mi matrimonio al entrometerse en la vida de tu padre. ¡Nunca le dio libertad, y él no fue lo suficiente hombre para hacerle frente!

No nos detuvimos hasta que encontró un restaurante donde servían cerveza. También se podía fumar y jugar billar.

A nuestro regreso, el fuerte olor a tabaco no les agradó en lo absoluto a las personas que dirigían el Hogar, las cuales pertenecían a una iglesia cristiana de origen sueco. Nola mantuvo un tono de voz calmo, pero estaba visiblemente disgustada. Con los dientes apretados, explicó:

—Ese restaurante no es apropiado para un niño pequeño, Sra. Mitchell. Sería mejor escoger el que está próximo al campus, que tiene un ambiente familiar. También podría quedarse aquí y compartir el almuerzo con todos nosotros.

—Soy su madre y sé qué es bueno para él —fue la respuesta de mi madre que no se hizo esperar. Seguidamente expuso una lista de exigencias:

—Deseo que le den almohadas especiales, y nada de frazadas de lana. Además, debe seguir la dieta que escribí en esta hoja de papel.

Nola movió la cabeza, luego asintió, registrando en silencio todo lo que escuchaba.

—Cuando comience el jardín de infantes, quiero que contraten un taxi que lo lleve y lo traiga de regreso. Ah, y nada de deportes.

De su bolsillo extrajo otra hoja de papel:

—Aquí anoté algunos versículos de la Biblia que deseo que Robby memorice antes de mi próxima visita.

¿Cuándo nos vamos a casa?, pensé. *Deja ya de hablar con Nola y llévame a casa. Podemos tomar el tren que toma Gigi.*

No obstante, mi madre, sin previo aviso, se volvió hacia m anunció:

—¡Me tengo que ir!

Sin darme un beso ni un abrazo, dio la vuelta y avanzó mente por el sendero. Con paso decidido, salió a la calle y se hacia la estación.

¿Te marchas y no me llevas contigo? ¿Otra vez?

No dije nada, ni siquiera pude llorar. Desconcertado, busqué la mirada de Nola. Me tomó de la mano con ternura y entramos al Hogar sin decir una sola palabra.

Pasé días sin hablar ni jugar. Buscaba un lugar alejado en el patio, y allí me quedaba mirando al vacío y preguntándome cuánto tiempo mi madre se comportaría de ese modo.

Los otros niños no me molestaban. Todos los que vivíamos en el Hogar sabíamos reconocer cuándo alguien necesitaba estar solo.

Aquella no fue la última irrupción inesperada de mi madre. En los años siguientes, estas escenas se repitieron una y otra vez. Sus visitas imprevistas eran comparables a la aparición de un tornado. Como nunca avisaba que vendría, a veces Nola demoraba un poco en llevarme a la sala de visitas. Al vernos llegar, mi madre le gritaba a Nola acusándola a ella y al resto del personal de ocultarle a su hijo e impedirle que me viera.

Estos exabruptos de mi madre me dejaban helado, haciéndome sentir que le importaba muy poco. Luego me arrastraba siempre al mismo salón de billar donde almorzábamos, donde debía escuchar el consabido sermón.

En cada visita se repetía lo mismo. Finalmente ella se marchaba y yo me quedaba en el Hogar.

Quizás esta vez será diferente, me decía a mí mismo. *Quizá no se enoje y no le grite a Nola. Quizá tenga un buen empleo y me lleve con ella. Quizá podamos vivir como una familia.*

Cada visita era una nueva decepción. Pasaba varios días tratando de superar la tristeza y el dolor.

Durante esta etapa, el asistente social comenzó a pasar más tiempo conmigo. Trataba de que lograra decirle a él o a Nola qué pensaba y cómo me sentía. Sin embargo, lo único que yo decía era: «Estoy triste; muy triste».

Poco tiempo después, dejé de decirle «mamá» a mi madre.

No fue fácil. Deseaba que esa mujer me amara, pero pensaba que uno llamaba «mamá» a alguien que te arropaba al darte las buenas noches, te protegía y te cuidaba en todo momento. Una mamá es alguien de quien nos sentimos orgullosos.

Mi madre nunca fue mi mamá.

—¿Por qué no es como las otras madres? —solía preguntarle a Nola—. ¿Por qué te grita y dice palabrotas? ¡Eso no me gusta!

Nola no decía mucho, pero yo seguía preguntando.

—¿Por qué tiene olor feo? ¿Por qué tengo que ir a almorzar con ella? Fuma, toma café y no para de hablar de cosas que no entiendo.

Nola me escuchaba y asentía, dándome la oportunidad de darles rienda suelta a mis sentimientos.

—Nunca viene a jugar al patio, como Gigi y tú. ¿No le gusta estar conmigo?

Cuando Nola creía que ya me había desahogado, me explicaba con ternura:

—Está enferma, Robby. No vives aquí porque hayas hecho algo malo. Tú no eres el problema.

—¿De qué está enferma? ¿Por qué los médicos no la curan? ¿Qué le pasa?

Nola nunca respondía a esa pregunta, pero a veces se arrodillaba y rodeándome con sus brazos me apretaba contra su pecho y susurraba en mi oído:

—Aquí estás a salvo, Robby. Recuerda que yo te amo y que Dios también te ama.

Acurrucado entre sus brazos y con la cabeza hundida en su hombro, pensaba: *¿Por qué Dios no hace que mi madre sea más como es Nola?*

Diferentes

EL COMIENZO EN EL JARDÍN de infantes implicó abandonar el nido de Nola un par de horas cada mañana, de lunes a viernes. Recorrer las dos cuadras que nos separaban de la escuela primaria Douglas era un acontecimiento importante que me hacía sentir que ya era un niño grande.

Mis compañeros de clase eran simpáticos y tan inocentes como yo. Durante las visitas de Gigi le contaba todo lo que había pasado y le enseñaba gran cantidad de dibujos. Mi abuela se mostraba tan entusiasmada como yo con todo lo que estaba aprendiendo. Por las tardes, Nola simulaba darme tareas escolares para que yo me sintiera parte del grupo.

Sin embargo, luego ingresé a primer grado, y eso implicó una nueva pérdida de la inocencia. No había caído en la cuenta de que pertenecer al Hogar me hacía diferente. Mi percepción cambió cuando vi la crueldad con la que algunos de los niños más grandes rodeaban a un niño del Hogar y se burlaban de él.

El niño lloraba. Los más grandes se reían. Yo observaba.

Los prepotentes en el patio de la escuela sabían exactamente qué decir, qué botón presionar, para hacer que alguno de nosotros, «los huerfanitos», llorásemos o reaccionáramos con violencia. Éramos un blanco fácil.

Al cabo de algún tiempo, me llegó el turno. Mi punto débil era que me preguntaran:

—¿Qué te pasa, Robby? ¿Por qué no tienes padres?

—¡Sí tengo padres! —replicaba—. Solo que ahora no pueden llevarme con ellos. Pero dentro de poco vamos a vivir todos juntos otra vez.

—Sí, seguro. ¿Eres estúpido o mentiroso? Tus padres no te quieren.

La primera vez que esto ocurrió, rompí en llanto. Los buscapleitos se reían, mientras los demás niños permanecían callados.

Esa noche le conté a Nola y ella me dijo que les demostrara que sus palabras no me afectaban.

—Diles: "A palabras necias, oídos sordos", y aléjate de ellos —me aconsejó.

Me pareció un buen plan… hasta que lo puse en práctica un par de veces. Las risas de los más grandes me hicieron sentir peor. Creo que hubiera preferido enfrentarme a sus golpes que a la burla.

Semana tras semana, las provocaciones de los niños de la ciudad me hacían sentir desdichado. No obstante, llegó un día cuando ya estaba en segundo grado en el que decidí no tolerarlo más.

Sucedió inesperadamente, y yo quedé tan sorprendido como el niño que me había hostigado. Apenas comenzó a burlarse, me arrojé sobre él dándole golpes con el puño. Me sentí muy bien de poder darle su merecido.

A estas alturas, las peleas no eran algo nuevo para mí. Los niños mayores del Hogar me habían entrenado bien, dolorosamente bien. Sabía dónde pegar para que no quedaran moretones ni marcas delatoras, y había aprendido que los golpes en las costillas o la cabeza duelen por más tiempo.

A partir de entonces, mis imprevistas reacciones violentas y mi actitud decidida frenaron los abusos verbales en numerosas ocasiones. Sin embargo, siempre había algún niño que lograba sacarme de quicio y me enviaban a la oficina del director.

Una vez allí, con gesto adusto, el director preguntaba:

—¿Qué sucede contigo?

¿Qué sucede conmigo? ¿Qué sucede con usted, Sr. Director? ¡Los otros

niños buscaron la pelea, no fui yo! Nunca había tenido problemas hasta que vine a esta escuela.

Cada vez que me hacía esa pregunta, sentía deseos de golpearlo con todas mis fuerzas. No sabía qué responder. Me recluía en un hosco silencio, a la espera del castigo que sobrevendría. Si el director esperaba ver alguna señal de arrepentimiento, nunca la hubo.

Un asistente social del Hogar comenzó a tener charlas semanales conmigo con el propósito de ayudarme a superar ese sentimiento de no ser igual al resto de mis compañeros de escuela. No obstante, a pesar de que él y Nola insistían en que no había nada malo ni extraño en mí, yo no lograba convencerme.

Todo el tiempo me pasan cosas feas y no sé por qué, pensaba. *Nadie me quiere, ni siquiera los otros niños de la ciudad. ¡No importa lo que Nola diga, seguro que soy malo! Me gustaría que alguien me dijera qué cosas malas hice. ¿Por qué mi madre se alejó de mí? ¿Por qué me dejó aquí solo?*

Por supuesto, vivía rodeado de una multitud de sesenta niños, pero en mi interior me sentía solo, muy solo y angustiado.

No tenía un padre que me enseñara «cosas de varones». No tenía un hermano mayor que me defendiera cuando los más grandes nos daban coscorrones en la cabeza. Y no recibía los besos de mi madre cuando me lastimaba, ni era ella quien me arropaba por las noches.

Debe ser por mi culpa. Estaba seguro de que había algo en mí que no estaba bien. *Debe ser difícil vivir conmigo*. Cuando me metía en problemas, ese sentimiento se reafirmaba. *Debo ser el malo de la familia.*

No era el único niño en el Hogar que tenía esos sentimientos acerca de sí mismo. Poco a poco me di cuenta de que todos nosotros necesitábamos creer que teníamos los mejores padres del mundo. Salvo en los casos de maltrato grave, ninguno de los niños que conocí aceptaba que sus padres fueran el problema. Era preferible pensar que la culpa era nuestra. Si el problema estaba en nosotros, podíamos esforzarnos por cambiar y ser buenos. Entonces nuestros padres querrían llevarnos de regreso a casa.

Los trabajadores sociales, con mucho tacto, trataban de que aceptáramos la idea de que eran nuestros padres los que tenían problemas.

No obstante, si eso era verdad, tal vez tendríamos que esperar mucho tiempo antes de que mejoraran y pudiéramos regresar a nuestro hogar. Y si nuestros padres no lograban superar sus problemas, nunca saldríamos del Hogar.

En realidad, no era que lo pasáramos tan mal en el Hogar; no era por eso que odiábamos estar allí. La mayoría de nosotros recibía mejores cuidados que los brindados por nuestros propios padres. Sin embargo, a pesar de mi corta edad, me daba cuenta de que los niños preferían vivir con una familia pobre, pero que los amara; vestir ropa vieja, pero que sus padres los cuidaran; y no tener casa, pero saber que alguien quería tenerlos a su lado. Estábamos dispuestos a soportarlo todo con tal de ser parte de nuestra propia familia.

Esto era cierto aun para niños del Hogar que provenían de una familia de once integrantes, en la que el padre solo tenía trabajos transitorios y vivían en una construcción muy precaria cerca del vertedero de basura. Los niños pasaban hambre, usaban ropa sucia y daban la impresión de nunca haber tomado un baño. La gente decía que el padre era un vago. En términos de necesidades materiales, estaban mucho mejor en el Hogar; sin embargo, al menos durante los primeros años, los niños se sentían mal por no estar con su familia, aunque tuvieran que vivir en una choza.

Lo observé también en una niña que llegó al Hogar después de morir su madre, enferma de cáncer. El padre no pudo soportar la muerte de su esposa ni hacerse cargo de su única hija. De modo que la niña no solo perdió a su madre, sino también a su padre, que era quien debía ayudarla a sobrellevar el duelo. A pesar del rechazo del padre, no perdía la esperanza de regresar con él y tener un hogar.

Lo vi en un niño que parecía aprender con más lentitud y dificultad que el resto de nosotros. El padre solía golpearlo con frecuencia por ser «tonto», mientras que la madre lo ignoraba y se dedicaba a los hijos «normales». Durante años este niño quiso regresar a su casa y tenía la ferviente esperanza de que todo sería diferente y su familia lo aceptaría.

Todos queríamos creerlo. Necesitábamos pensar que nuestro deseo de ir a un hogar donde nos acogieran y nos amaran pronto se cumpliría.

Con el paso del tiempo, los más grandes parecían renunciar a ese sueño y aceptaban lo que la vida les había deparado. No obstante, para nosotros los más pequeños, el proceso era más difícil. En el sector de los niños más pequeños estábamos convencidos de que si lográbamos regresar a casa, el fantasma de la soledad desaparecería.

Ese fantasma ya no me hacía llorar en voz alta, pero siempre me acechaba. Acostado en la cama, después que se apagaban las luces, a menudo lloraba en silencio.

En esos momentos, me decía a mí mismo que de algún modo, algún día, por alguna misteriosa vía, las cosas se compondrían y alguien vendría a rescatarme. Esa esperanza era lo único que me libraba de caer en la desesperación.

Eso y Gigi. Mi abuela fue una bendición que muchos otros niños en el Hogar no conocían. Esperaba con gran expectativa sus visitas, que me colmaban de alegría y afecto.

En Navidad, y a veces el día de Acción de Gracias, me permitían ir al apartamento de Gigi. Durante una de esas visitas, conocí a los familiares de Gigi que vivían en Rockford, Illinois. Fran era hija del hermano mayor de Gigi. Ella y sus dos hijos, Paul y Art, fueron muy amables y me dijeron que podía ir a visitarlos.

La primera vez que los vi me sentí tan feliz que mi imaginación se disparó y no hubo forma de detenerla: *¡Tal vez pueda vivir con ellos!*

Apenas la idea cruzó mi mente, lancé la propuesta:

—¿A lo mejor puedo ir a vivir con ustedes? Me va bien en la escuela y sé hacer tareas en la casa. Prometo que voy a ayudar en todo si me llevan con ustedes.

Gigi se quedó atónita, pero la respuesta de Fran fue muy amable.

—De veras lo siento, Robby, pero tengo casi setenta años y soy muy mayor para hacerme cargo de ti. Art es soltero y viaja mucho por su trabajo, y Paul ya tiene cuatro niñas. Nos gustaría poder ayudarte, pero no hay manera de que podamos llevarte con nosotros.

Me daba cuenta de que ella y su familia sentían afecto por mí, pero aun así tuve la sensación de haber recibido otro portazo en las narices. Nadie parecía entender que había una pregunta que me obsesionaba: *¿Por qué? ¿Por qué nadie de mi familia quiere llevarme a vivir* *con ellos?* Me esforzaba por no perder la esperanza, pero en el invierno de mi segundo año de escuela perdí la batalla.

Fue en febrero de 1962. Tenía siete años.

Aquella noche, las tierras de cultivo en la región central de Illinois se veían desoladas, sin vida, con los campos llenos de rastrojos de tallos de maíz y plantas de soja, y una nieve sucia que cubría los pastizales secos. El viento helado del invierno hacía crujir las ramas sin hojas de los árboles.

Una vez que estuvimos todos acostados, Nola se retiró y nos quedamos a solas con nuestros pensamientos. La luz nocturna del baño y la luz roja del letrero «Salida» proyectaban sombras extrañas sobre las paredes de nuestra habitación. Durante los cuatro años que llevaba viviendo en el Hogar, las noches como esta me habían provocado pesadillas.

Acostado en mi cama, finalmente acepté la verdad. Mi padre no se pondría bien. Mi madre nunca sería como las demás madres. Nunca podría vivir con Gigi ni con sus familiares. Nadie vendría a rescatarme. Al confrontarme con la realidad, quedé completamente descorazonado.

Algo en mi interior, que creía tener controlado, cedió y ya no pude contener los sollozos. Conocía el llanto angustiado de los niños que habían perdido toda esperanza, pero hasta ese momento había logrado evitar sentirme así. No obstante, aquella noche no pude contenerme. Fue mi turno de llorar con gemidos tan hondos que no podían expresarse con palabras.

—¡Deja de llorar! —gritaron enojados los niños que compartían la misma habitación. Al darles rienda suelta a mis sentimientos, ponía en riesgo las defensas que ellos habían levantado para ponerse a salvo de sus propias heridas y temores.

Nola vino y me abrazó, pero no pudo quedarse a mi lado porque debió atender a uno de los más pequeños.

Lloré hasta que no me quedaron más lágrimas que derramar. Agotado y hundido en mi dolor, reflexioné hasta muy tarde en la noche.

Nadie puede salvarme. Nadie me rescatará jamás.

Estoy solo y no sé por qué. ¿Qué mal habré hecho? Tenía tres años cuando ella me dejó en este lugar. ¿Qué puedo haber hecho para merecer esto?

No lo entiendo, y no tengo salida. Estoy atrapado aquí para siempre. Aquí estoy, me guste o no.

Esa fría noche de invierno, endurecí mi corazón.

Nada ni nadie volverá a lastimarme tanto. Los niños mayores podrán pegarme hasta hacerme llorar de dolor, pero nunca nadie me hará llorar desde lo profundo de mi corazón. ¡Nadie! Seré fuerte, pase lo que pase.

No era más que el juramento de un niño pequeño. Sin embargo, era todo cuanto tenía para protegerme de las pesadillas que me acechaban a cada paso.

Secuestrado por mi madre

19 DE ENERO DE 1963; 8:15 P.M.

Según consta en las anotaciones del trabajador social, mi madre se presentó sin aviso en el Hogar y exigió verme.

Le dijo a Nola que me llevaría con ella, y dado que tenía la custodia legal, nadie podía impedírselo.

—Sra. Mitchell, es una noche terriblemente fría y los niños de ocho años ya están por acostarse —respondió Nola con firmeza—. ¿A qué hora regresará Robby?

Mi madre se rió, insultó a Nola y me sacó a rastras.

Asustado y confundido, miré a Nola en busca de ayuda. La vi tan enojada y tensa que le temblaba el mentón, parecía una loba a la que le quitan uno de sus cachorros.

Camino a la ciudad, mi madre parecía fuera de control. Hablaba sin cesar y profería más insultos que otras veces, pero al mismo tiempo sonreía satisfecha, como si todo se tratara de un juego.

Varias veces me tironeó de la mano porque yo no caminaba tan rápido como ella. Tenía mucho frío, pero ni se me ocurrió quejarme.

Según su costumbre, renegó de mis abuelas, el Hogar, la Biblia, los negros y los inmigrantes. Sin embargo, esta vez añadió algo nuevo:

—Ya verán, Robby, ya verán. Les mostraré a todos que puedo ser una buena madre. Pronto volveremos a ser una familia.

¿Una familia? ¿Finalmente regresábamos a casa? Sabía muy bien que no debía preguntar nada aún. Permanecí atento y expectante, como un cachorro asustado.

Esa noche no regresamos al Hogar. Mi madre se las ingenió para que nos escabulléramos en la estación de trenes de Princeton y pasamos la noche en los fríos bancos de madera de la pequeña terminal.

A la mañana siguiente, abordamos el primer tren a Chicago. Cuando mencioné que no tenía ropa para cambiarme, me dijo que no me preocupara, que ella se encargaría de todo.

Al llegar a Chicago, fuimos directamente al famoso hotel Palmer House. El cambio brusco de las camas de hierro del orfanato al destello de las arañas de cristal, las habitaciones espaciosas y el uniforme impecable de los botones me hizo sentir que estaba viviendo un sueño. Ahora conocía un mundo mucho más hermoso de lo que jamás había imaginado.

Una vez instalados en nuestra habitación, mi madre extrajo un fajo de billetes de una cartera de mayor tamaño que lo habitual.

—Finalmente recibí lo que me correspondía —me explicó mientras guardaba los billetes en un cajón del tocador—. El automóvil en el que viajaban mi padre y su hermana fue embestido por un tren y ambos murieron. ¡Cobré diez mil dólares de su seguro de vida! ¿Qué te parece? ¿No es fantástico?

No supe qué responder.

—Este es tu cajón —anunció mi madre con orgullo—. Mira lo que te compré.

¡*Historietas!* El cajón estaba lleno hasta el tope. Muchas veces mi madre me había dicho que leer historietas era algo malo; ahora, en cambio, reía al ver mi sorpresa. A los pocos días volvió a sermonearme sobre las historietas y su mala influencia… luego salió y me compró unas diez revistas más.

Durante un par de semanas, viví en un mundo de fantasía. Ordenábamos la comida desde la habitación, íbamos de compras a las tiendas de departamentos más modernas, y vimos una película tras otra.

Sin embargo, el sermoneo de mi madre era continuo. Echaba pestes contra mi abuela paterna, Pauline, a la que culpaba de habernos privado de tener este estilo de vida. Si bien yo no entendía por qué, parecía que mis dos abuelas eran la causa de todos nuestros males. Sin embargo, estaba seguro de que Gigi no era la causante de mis problemas.

Un día, sin previo aviso, mi madre puso todas nuestras pertenencias en una valija y me arrancó del mundo de ensueño del hotel Palmer House. Me vi arrastrado a un apartamento sucio y muy pequeño, ubicado en la parte posterior de un edificio de varios pisos. Los corredores eran sombríos, y lo mismo podía decirse de los residentes.

Los rieles del metro elevado corrían detrás del edificio, no lejos de la estación Bryn Mawr. Los apartamentos de la parte posterior que se encontraban a la misma altura del metro eran los menos solicitados y por lo tanto los más baratos. Noche y día el apartamento se sacudía con el bramido y el traqueteo de los trenes.

Convencido de que el edificio se derrumbaría en cualquier momento, no lograba dormir bien. Mi madre, en cambio, dormía gracias al alcohol.

El apartamento tenía un pequeño baño y una sala. Había una mesa y un sofá, pero no teníamos radio ni televisión. En un rincón había una especie de cocina muy pequeña, con un refrigerador, un fregadero y una estufa. La cama en la que mi madre y yo dormíamos se plegaba contra la pared durante el día.

Sentí deseos de regresar al Hogar al ver lo que significaba para mi madre preparar el almuerzo y la cena. El entusiasmo por comer rosquillas en el desayuno y a veces también en el almuerzo duró muy poco. Para mi madre, «cocinar» consistía en comprar comida preparada en bandejas de aluminio, cocinarla más de lo necesario, y luego aventar los alimentos recocidos y quemados sobre la mesa.

Si yo dudaba frente al plato de comida, me gritaba por criticar su manera de cocinar y se empeñaba en que estaba bien. Como tenía hambre, tomaba el tenedor y trataba de masticar y tragar las arvejas quemadas, el puré de papas reseco y la carne crocante de tan cocida. Para poder tragarme tal comida, bebía agua tibia del grifo.

Mi madre solía dormir varias horas durante el día, por lo general como consecuencia de la bebida. Cuando eso ocurría, me quedaba sin cena. Recuerdo que intentaba despertarla, pero no lograba que se levantara. Vivía en soledad, rodeado de una atmósfera sombría, ruidosa e irracional. Mi único entretenimiento eran las historietas, los juegos que me inventaba, y observar a las arañas y cucarachas que caminaban por el piso y las paredes.

No era nada divertido cuando mi madre dormía, pero era aún peor cuando estaba despierta. Se pasaba la mayor parte del tiempo sermoneándome. Todo lo que escuchaba era su voz, no las palabras. De pronto, su discurso se cargaba de odio y resentimiento, profería insultos, y las ollas y las cacerolas volaban por el aire. Me llamaba la atención que las cosas que arrojaba nunca se rompieran.

En aquella época, el estado de Illinois encabezaba su lista de cosas más odiadas. Aseguraba que el gobierno no le brindaba suficiente ayuda económica. Una noche, después de una de sus peroratas sobre el tema, le pregunté acerca del dinero… y mi padre.

—¿Y papá cuándo se pondrá bien para poder trabajar y cuidarnos?

Hasta ese momento nadie me había explicado por qué mi padre estaba «muy enfermo para hacerse cargo de mí». Lo máximo que me habían dicho era que «tenía una lesión en el cerebro» y no podía visitarlo porque el hospital donde estaba internado quedaba demasiado lejos.

En un primer momento, mi pregunta pareció desconcertar a mi madre, quedándose sin fuerzas para contestar. No obstante, de inmediato algo se inflamó en su interior y la tristeza se convirtió en furia.

Temblando de rabia, vociferó:

—¡Tu padre es un flojo! ¡Un perdedor! Nos abandonó y trató de suicidarse pegándose un tiro en la cabeza. Seguro cambió de parecer en el último minuto, porque ni siquiera eso hizo bien. Quedó con una lesión cerebral y nunca se recuperará.

A medida que mi madre hablaba, lentamente me di cuenta de la realidad.

—Por eso nunca nos llama ni nos escribe, Robby. ¡Por eso! ¡Porque no puede! Solo volveremos a ser una familia cuando estemos en el cielo.

Luego se sirvió otra copa de vino barato. Se me ocurrió que tal vez mi madre nos mataría para que pudiéramos estar todos juntos en el cielo.

De modo que eso era lo que había sucedido con mi padre. *¿Intentó suicidarse pegándose un tiro en la cabeza?* Y nunca se recuperaría.

Una sensación familiar se apoderó de mí, como si una puerta de acero clausurara mi esperanza de volver a tener una familia.

Sin embargo, la vida continuó al «cuidado» de mi madre. A mí me parecía que me había secuestrado, aunque no se le podía acusar de ese delito porque tenía la custodia legal. Mi secuestro fue una especie de juego de poder para ella.

—¡Creo que les di una lección! —soltó con absoluto desprecio, mientras quemaba la ropa que yo usaba en el Hogar en un barril en el callejón—. Eres mi hijo, y más vale que nunca lo olviden.

Deseaba que ella lo olvidara. Quería estar con Gigi y Nola. Me preguntaba por qué no venían a salvarme.

Más adelante supe que Gigi y el personal del Hogar estaban terriblemente preocupados. No tenían idea de dónde estábamos, no sabían si yo estaba bien, ni siquiera si estaba vivo.

Varias semanas después de secuestrarme, mi madre llamó a Gigi desde un teléfono público. Seguramente mi abuela pidió hablar conmigo, porque mi madre me acercó el auricular y nos permitió intercambiar unas palabras. Luego me quitó el teléfono, gritó algo acerca de «mostrarles a todos» y colgó.

Durante casi dos meses mi madre torturó a mi pobre abuela. Le decía, por ejemplo, que si un determinado día estaba en su casa a las ocho de la noche, me daría permiso para llamarla. A veces íbamos hasta un teléfono público y hacíamos la llamada, pero si a mi madre le iba mal ese día, no cumplía con la llamada acordada. Los días que sí telefoneábamos, al cabo de uno o dos minutos, mi madre decía: «Es suficiente. ¡Adiós!», y me arrebataba el auricular. Cuando Gigi me contó que todos estaban muy preocupados, no supe qué decir.

Una noche, habiéndolo acordado tan solo un par de horas antes, mi madre aceptó que fuera a cenar con Gigi. Ella no quería llevarme al apartamento de mi abuela ni me dejaba quedarme a dormir; supongo que temía que Gigi me llevara de regreso al Hogar.

La cena fue todo un festín: carne estofada «Boston», una de mis comidas preferidas, con diversos platos de acompañamientos. Había suficiente para cuatro personas, pero mi abuela no probó bocado.

Mientras devoraba mi porción con un apetito insaciable, me

daba cuenta de que Gigi estaba preocupada por mí. Durante una pausa, le dije:

—Abuela, come conmigo. ¡Está riquísimo!

—No tengo hambre, Robby —respondió con aire apenado. Yo sabía que quería asegurarse de que hubiera suficiente para mí.

No se me ocurrió aprovechar esa visita para huir de mi madre. Estaba decidido a aceptar mi vida tal como era, sin importar lo mala que fuera. No me di cuenta en aquel momento de que alguien del Hogar podría ir a buscarme si tan solo le informaba dónde estábamos. Gigi tampoco llamó pidiendo ayuda; quizá tenía miedo de mi madre.

Aquella noche, mi abuela me hizo muchas preguntas sobre el lugar donde vivíamos. Todo cuanto pude decirle fue que era un apartamento en muy mal estado a pocas cuadras del cine próximo a la estación del metro Bryn Mawr sobre el lago.

Esa información fue suficiente para que las autoridades nos rastrearan. A los pocos días, escuché que llamaban con insistencia a la puerta de nuestro apartamento. No sabía qué hacer, porque era la primera vez que alguien llamaba a nuestra puerta.

—¡Es la policía! —escuché que alguien gritaba, y por la voz pensé que era un gigante—. Tenemos una orden de arresto. ¡Abra la puerta!

Mi madre estaba alcoholizada y tuve que sacudirla repetidas veces para despertarla. Finalmente se levantó del sofá y abrió la puerta. El policía que la esposó me pareció enorme.

Mientras salíamos de aquel espantoso edificio, por un momento pensé que el policía también me arrestaría a mí. *¿Y ahora qué hice?*, me preguntaba. *¿Adónde me llevan? Tal vez me lleven de regreso al Hogar o a casa de Gigi.*

Me sorprendí cuando el oficial me levantó y me sentó en la parte trasera del furgón policial. Había un asiento a cada lado, y en la parte posterior una ventana con barrotes a través de la cual veíamos hacia fuera, pero por la que también los automovilistas nos veían a nosotros. Sentí deseos de gritar: «¡No soy un delincuente!», pero de nada hubiera servido. Una vez más, me sentí impotente y humillado.

Cuando llegamos a la comisaría, nos separaron. No sabía a dónde llevarían a mi madre, pero imaginé que a mí me enviarían al apartamento de Gigi o al orfanato. Sin embargo, no fue así. Un policía me informó que pasaría la noche en el Hogar Audy, un establecimiento próximo al centro de la ciudad de Chicago que albergaba a niños en espera de una decisión judicial que resolviera su situación. A mí me pareció una prisión.

El hombre que registró mi ingreso estaba sentado detrás de un escritorio. A sus espaldas había un pasillo corto con cuatro celdas, dos de ellas ocupadas por adolescentes que gritaban e insultaban. Maldecían a todo el mundo, y en particular al hombre que hacía los ingresos, quien de vez en cuando les respondía de igual modo.

Él hizo una lista de todas mis pertenencias.

—¿Qué llevas puesto? —su tono era áspero y gruñón.

—Zapatos, medias, pantalón, ropa interior, cinturón, camisa y chaqueta.

Levantó la vista enojado:

—Es febrero y estamos en Chicago. ¿No tienes un abrigo?

—Llevo puesto un abrigo —respondí, y me ajusté la chaqueta.

—¿En qué quedamos? ¿Es un abrigo o una chaqueta?

No sabía qué decir. Busqué alguna pista en su rostro ceñudo, pero no la encontré. Me temblaba el labio inferior, y solté lo primero que se me ocurrió:

—¡Es un abrigo!

De un salto se levantó de la silla, vociferando por mi supuesta impertinencia. Me tomó del brazo y me arrastró hasta las celdas mientras gritaba:

—¡Te voy a mostrar qué les pasa a los que no me respetan!

Me levantó en el aire y me aplastó la cara contra las rejas de la celda. Vi un lavabo todo sucio y manchado, y un cubo que servía de inodoro. El hedor era más fuerte que el olor del estiércol que nos llegaba desde las chacras de Princeton en primavera.

—¿Quieres pasar la noche ahí? —continuó gritando.

—No, señor.

Me arrastró nuevamente hasta su escritorio y preguntó:

—Ahora responde, ¿es un abrigo o una chaqueta?

—No sé, señor —dije con voz temblorosa—. Soy un niño. ¡No sé!

—¡Es un abrigo, tonto!

Me ordenó que me desvistiera y me dio otra ropa que se parecía a los uniformes de una prisión. Seguidamente me envió al piso superior, a la unidad donde pasaría la noche.

Subí y me dirigí a la puerta al final de la escalera, pero estaba cerrada con llave.

Toqué a la puerta. No hubo respuesta.

Toqué nuevamente. Nada.

Golpeé con todas mis fuerzas hasta que un niño me habló de muy mal modo a través de la puerta.

—¿Qué quieres? —gritó.

—Debo pasar la noche aquí.

—No te conozco.

—Quiero hablar con un adulto.

—¿Por qué?

—¡Abre la puerta! —le reclamé.

—No tengo obligación de abrir —dijo burlón—. Tú no me mandas.

—Busca a un adulto que me deje entrar para que no me meta en problemas.

—¿Y qué si te metes en problemas? ¡A mí qué me importa!

—Abre la puerta o llama a un adulto —le dije tratando de controlar mi ira.

—¿Por qué debo dejarte entrar?

—¡Porque me enviaron aquí!

—Puede que te deje entrar, o puede que no.

Mi frustración iba en aumento. Forcejeé con el picaporte, pero la puerta no cedió. Estaba seguro de que el hombre de la entrada subiría de un momento a otro y me arrojaría en una celda inmunda por no haberle obedecido.

Después de algunas provocaciones más, el niño al otro lado de la puerta me dijo que me dejaría entrar si me veía la cara.

—Acércate al ojo de la cerradura para que te vea.

Hice lo que me pidió y escupió a través de la cerradura. Me dio justo en el ojo.

Llegué al límite. Comencé a golpear y patear la puerta mientras gritaba y chillaba como un desaforado. Se apoderó de mí la misma furia que había experimentado en el Hogar cuando los más grandes me pegaban. Estaba listo para arremeter contra el mundo. La próxima persona que se metiera conmigo acabaría aplastada contra el piso, en especial el niño que me había provocado y escupido en el ojo.

El hombre que finalmente abrió la puerta se encontró con un demonio de Tasmania que lo miraba fijo. Sin mostrar sorpresa ni emoción alguna, me indicó con voz calmada que lo siguiera.

—Te mostraré dónde vas a dormir.

Me condujo a un dormitorio donde había ocho camas sólidas y resistentes, y me indicó que me sentara en una de ellas.

—Esta será tu cama —dijo, y agregó—, sé que estás enojado, pero no estoy aquí para ocuparme de ti. Mi tarea es mantener el orden en este piso y evitar que se lastimen entre ustedes. La cena será en menos de media hora. No te muevas de aquí hasta que venga a buscarte. Y más vale que te calmes.

Su hablar sosegado me ayudó a tranquilizarme antes de la cena. Pronto me encontré sentado en un comedor con paredes completamente lisas pintadas de ese color gris característico de algunas instituciones. El televisor estaba colocado en lo alto de la pared, resguardado por tejido de alambre y fuera de nuestro alcance.

—¿Por qué solo cucharas? —le pregunté a uno de los internos.

—¡Qué pregunta más estúpida! —bufó impaciente—. Porque los tenedores y cuchillos sirven como armas.

Más tarde, un guardia me dijo que tomara una ducha. Un compañero me susurró al oído:

—Cuídate las espaldas.

Las duchas no ofrecían ninguna privacidad. Dos adolescentes entraron conmigo, pero deben haber visto mi expresión de furia, porque retrocedieron y se mantuvieron a distancia.

Tenía miedo de que alguien saltara sobre mí y me golpeara, así que permanecí despierto y sentado en la cama hasta estar seguro de que todos los demás se habían dormido. Luego me levanté y fui hasta la ventana enrejada. Con los brazos cruzados y las manos apretadas bajo las axilas, comencé a balancearme lentamente de izquierda a derecha, como tantas otras veces en el pasado. Extendí la vista más allá de los muros y el alambre de púas, más allá de los guardias armados, y con la mirada fija en el cielo, me pregunté por qué. ¿Por qué esta vida?

¿Nadie vendría a rescatarme? ¿Habría un lugar para los niños como yo? ¿Cómo haría para encontrar ese lugar?

Esto es una prisión, pensé. *Tengo ocho años y estoy en prisión. ¿Qué hice para que me trajeran a un lugar así? ¿Qué hice?*

Uno de los adultos me había informado que solo pasaría allí la noche y luego regresaría al Hogar. Esperaba que fuera verdad. Al menos en el Hogar no teníamos rejas en las ventanas, ni alambrados, ni guardias, ni tendría que soportar la locura de mi madre.

Pensé mucho en mi madre aquella noche. Trataba muy mal a las personas y culpaba a los demás de todos sus problemas.

No se interesaba por mí, y era solo una cuestión de tiempo antes de que comenzara a culparme por sus problemas. Era como los niños más grandes del Hogar que arremetían contra los más pequeños sin motivo, desquitándose con los demás por todo lo que les sucedía.

Bajo la luz del reflector del puesto de guardia de un centro de detención juvenil, me hice una promesa: Nunca más permitiría que otra persona descargara sus problemas sobre mí. Ni siquiera mi madre.

Por fin, después de verificar por segunda vez que mis enemigos dormían, me acosté sin hacer ruido y me quedé dormido.

A la mañana siguiente, luego del desayuno, un guardia me dijo que el asistente social había venido a buscarme. Me dirigí a la sala de audiencias, pero no creí que John estuviera allí hasta que vi su camisa blanca y su cabello oscuro. Regresar al Hogar no era lo mismo que regresar a casa, pero sin duda era mucho mejor de lo que había experimentado en los últimos meses.

Estaba feliz de ver a John, pero creo que él estaba más contento todavía de verme. Trató de no mostrarse demasiado emocionado, pero la ternura en su voz y su mirada lo delató.

Mientras nos alejábamos de ese lugar, me preguntaba si el Dios de Nola se sentiría igual que John. ¿Me habría visto en el Hogar Audy o en ese apartamento que parecía una covacha? Y si en realidad le importaba a ese Dios, ¿por qué tenía una vida tan desdichada?

[6]

Los médicos

A MI REGRESO, DESPUÉS DE pasar un par de meses con mi madre, pensé que algunos de mis compañeros se alegrarían al verme. Esperaba que me preguntaran: «¿Dónde estuviste? ¿Qué pasó? ¿Qué hiciste?».

No fue así. Lo único que escuché fue un triste y desanimado: «Ah, volviste».

Para ellos, mi regreso representaba un fracaso. No sabían cuál era el motivo, si había hecho algo malo o mi familia no había resuelto sus problemas, y tampoco les importaba. Lo que sí sabían era que mi familia me había dejado una vez más, por el motivo que fuera.

¡Qué me importa!, pensé con resentimiento. *El día que vengan a preguntarme algo no pienso decirles nada.*

Nola estaba preocupada. Había perdido a su pequeño encantador y ahora debía lidiar con un niño desconfiado y receloso, que había pasado hambre y frío, y sufrido demasiados golpes. Me había vuelto huraño y ensimismado.

Además, saqué mis propias conclusiones sobre los niños abandonados. Me di cuenta de que había más chicos que chicas en el Hogar, y deduje que las niñas eran más agradables y más fáciles de criar, mientras que los varones tenían más probabilidades de ser abandonados.

Nola procuraba sin éxito que retomara mis hábitos anteriores. Por mi parte, me limitaba a cumplir maquinalmente la rutina del

Hogar, salvo cuando algún niño se metía conmigo. Entonces, se desataba toda mi furia.

Un día, al cabo de un par de semanas, John fue a buscarme a la escuela.

—Viviste unos meses muy difíciles, Robby —me dijo—. Estamos preocupados por ti, así que tomaremos el tren a Chicago y veremos a un equipo de médicos para asegurarnos de que estás bien. Pasaremos el día allí. No estaré contigo todo el tiempo, pero me quedaré en el edificio y almorzaremos juntos. Te lo prometo. Después del almuerzo, los doctores te verán de nuevo, y más tarde tomaremos el tren de regreso. John cumplió su palabra.

A la noche regresamos a Princeton en el California Zephyr. Después de varias horas de exámenes y entrevistas en el hospital, estaba cansado de permanecer sentado, por lo que John me permitió recorrer el tren durante media hora. En el coche comedor, me compró una gaseosa. Luego fuimos a sentarnos en el vagón panorámico, cuyos dos pisos estaban casi vacíos. Me imaginé que quería hablar. Así eran los trabajadores sociales, siempre había algo de lo que deseaban hablar.

Mientras el tren traqueteaba por las vías, John me preguntó cómo me había ido. Pensé que cuanto más rápido respondiera, más rápido podría levantarme y continuar mi recorrido.

—En la mañana, lo primero que hicieron fue llevarme a una sala con mesas y juguetes. Un doctor me dio pequeños bloques y me pidió que construyera una casa, un granero y un automóvil. Luego me entregó papel y lápiz para que dibujara una familia en su casa, y también me facilitó crayones para colorear el dibujo. Acepté hacer el dibujo, pero le pregunté por qué me lo pedía. El doctor dijo que iba a medir mi *habilidad colectiva*, algo *espacial* y los *motores*.

Me encogí de hombros, dando por finalizada la explicación.

—Querrás decir las habilidades cognitivas, la lógica espacial y los reflejos motores —aclaró John sonriente.

—¡Sí, todo eso! No me indicó que dibujara al papá, la mamá, los hijos y la casa. Solo dijo una familia en su hogar. ¡Qué raro!

John asintió, pero no señaló nada.

—Después puso un montón de cartas sobre la mesa sin que yo las viera. Cuando el doctor decía: «¡Ya!», me daba vuelta y armaba tantos pares como podía hasta que él indicaba: «¡Alto!». La primera vez los armé todos y gané.

—¡Bien hecho, Robby!

—Sin embargo, después eran cada vez más difíciles y no pude juntar todos los pares.

—No importa, Robby. Nadie esperaba que hicieras todo.

—¿Por qué escribían en un cuaderno mientras almorzábamos? —le pregunté.

—Anotaban cuáles son tus modales a la mesa, cómo usas los cubiertos y te comportas en un encuentro informal con adultos.

—¿Por qué?

Con palabras difíciles de entender, John me explicó que a veces, como consecuencia de una infancia como la mía y en especial después de haber permanecido oculto y aislado por mucho tiempo, numerosos niños se encuentran confundidos y alterados. Podrían manifestar enojo contra los adultos, o hacer una regresión y comenzar a actuar como bebés o niños pequeños.

John guardó silencio mientras yo pensaba en lo que acababa de decirme.

—No volveré a ser un niño pequeño —dije, dando a conocer en voz alta mi decisión.

John asintió con la cabeza y sonrió.

Me alegré de que no me preguntara si estaba enojado. De haberlo hecho, habría descargado toda mi furia sobre él.

—¿Me porté bien durante el almuerzo? —le pregunté.

—Estuviste muy bien, Robby —me aseguró—. Ahora cuéntame de qué hablaste con el psiquiatra.

No quería hacerlo. No había hecho otra cosa que hablar todo el día. ¿Por qué no les preguntaba a los doctores? ¿Por qué no podíamos disfrutar del viaje en el tren? Sin embargo, luego de años de entrevistas mensuales, y ahora semanales, con los trabajadores sociales, había aprendido que John continuaría preguntando hasta que respondiera. Así que me acomodé en el asiento y seguí con el relato.

—El psiquiatra era bueno, mucho más alto que los otros médicos. Lo primero que me dijo fue que no podían ayudarme si no decía la verdad. Quería que le dijera lo que pensaba, aunque me resultara doloroso o pensara que estaba mal expresarlo en voz alta. Me dijo que si entendían cómo me sentía podían ayudarme.

—¿Y qué respondiste?

—Le dije que trataría.

John se mostró complacido, así que continué.

—Me pidió que le hablara de mi padre, qué recordaba, qué sabía, qué sentía por él. Eso fue difícil. No recuerdo nada de él, pero tengo una fotografía. Tenía el cabello oscuro y corto, y usaba lentes. Vestía una camisa blanca, una corbata oscura, un traje elegante, y siempre estaba muy sonriente.

—¿Qué le dijiste al doctor cuando te preguntó qué sentías por tu padre? —preguntó John.

—No sé qué siento por él, porque no lo conozco ni lo recuerdo. Le dije que me gustaría tener un padre de verdad que jugara conmigo, que me cargara en sus hombros, con quien pudiera jugar a la pelota. Desearía tener un padre para estar orgulloso de él y sentirme seguro. No sé si me gustaría ir a verlo al hospital, tal vez no. Me parece que sé por qué estaba cansado de vivir con mi madre, pero…

No terminé la frase.

John esperó durante un minuto o más, y finalmente me preguntó:

—¿Pero qué, Robby?

Me costaba decirlo. Nunca se lo había confesado en voz alta a otra persona.

—Vamos, Robby. Sabes que te quiero. ¿Pero qué?

En voz muy baja, casi balbuceando, le pregunté lo que nunca me había atrevido a preguntar por temor a recibir un «Sí» como respuesta.

—Pero, ¿cómo pudo abandonarme? ¿Estaba cansado de cuidarme?

John negó con la cabeza. Se inclinó hacia mí y mirándome a los ojos dijo:

—Es algo que no tiene nada que ver contigo, Robby. No estaba cansado de ti, y tú no hiciste nada malo. Es difícil de entender a tu edad, pero debes creerme. Las decisiones de tus padres no tuvieron nada que ver contigo, aunque por desgracia has sufrido las consecuencias.

Había escuchado eso muchas veces de boca de John, pero me resultaba muy difícil creerle.

Permanecimos en silencio, mirando los campos que el tren iba dejando atrás. Esperaba que a John se le hubieran acabado las preguntas, pero no debí ser tan iluso.

—¿Y qué más te preguntó el doctor, Robby?

—Me pidió que le contara sobre mi madre. Pensé que todo el mundo sabía lo que le pasa, que está loca.

—¿El doctor te preguntó qué pensabas de ella?

—Sí. Le dije que le había preguntado a Gigi si mi madre amaba a mi padre. Mi abuela cree que sí, pero no está segura de si Joyce alguna vez amó a alguien además de sí misma.

John aguardó un momento y me preguntó:

—¿Eso es lo que piensas de tu madre?

—Sí. No sé a quién ama, pero sé que a mí no me quiere. Y sé que esto no suena bien, pero no deseo verla por un tiempo, hasta que mejore un poco.

John asintió.

—No te preocupes, Robby. Tu madre está internada en el Hospital Psiquiátrico Elgin y seguramente pasará un largo tiempo allí.

John hizo una pausa antes de preguntar:

—¿Hay algo más que quisieras decirme antes de terminar nuestra charla?

—¿Qué dijeron de mí los doctores? ¿Yo también me puedo volver loco?

John pensó por un momento y luego indicó:

—Tú no estás loco, Robby. Eres un niño normal que tuvo que vivir experiencias muy difíciles. Dentro de un par de semanas los médicos enviarán un informe escrito y hablaremos contigo después de leerlo. No obstante, ya me dijeron que estabas mucho mejor de lo que ellos esperaban. No te dejaste dominar por las emociones y mantuviste la capacidad de razonar a pesar de lo que te ocurría, y eso te ayudó mucho. Es sorprendente que hayas podido hacerlo a tu corta edad.

Seguidamente, pronunció una frase que se quedó grabada en mi corazón:

—Quieren que te ubiquemos en un hogar normal tan pronto como sea posible.

Mientras oía el traqueteo del tren sobre las vías, las palabras *un hogar normal* resonaban en mi cabeza.

La propuesta sonaba bien, más que bien, pero después de todo lo que había sucedido, *¿sería* posible?

El regalo de Gigi

PASARON ALGUNOS MESES DESPUÉS DE mi evaluación médica en Chicago, y un día Nola me preguntó:

—¿Te gustaría pasar el fin de semana con Gigi en Chicago, Robby? Tiene algo importante que decirte.

—¡Sí, sí! ¿Puedo ir?

—Claro. Irás el viernes, disfrutarás del paseo, y la próxima semana me contarás de qué hablaron.

¿Sería que Gigi me iba a llevar a vivir con ella? ¡No podía esperar hasta el fin de semana!

El viernes llegó por fin, y John me dejó en el apartamento de mi abuela. Se me hizo agua la boca con el olor del pollo asado. Todo lo que cocinaba Gigi me gustaba, pero la carne estofada «Boston», el pollo al horno dorado y crujiente, las chuletas de cerdo rellenas, y el pollo con arroz y champiñones eran mis platos favoritos.

—Me encanta verte comer, Robby —solía decir Gigi—. Me hace feliz.

A *mí* me hacía más feliz aún. Esa vez comí el doble de lo que comió ella.

Siempre dejábamos el postre para más tarde. Después de levantar la mesa, jugábamos a las cartas o al dominó. Gigi me dejaba ganar, pero sin hacérmelo demasiado fácil. O me escondía detrás de las cortinas entre la cocina y la sala y rugía como un monstruo para asustarla. Me divertía verla gritar y fingir que estaba a punto de desmayarse. No jugábamos al corre que te pillo ni a las escondidas porque el apartamento estaba tan abarrotado de muebles que apenas había lugar para moverse.

Esa noche, sin embargo, Gigi tenía un aspecto serio.

—Dejemos los platos hasta más tarde y siéntate en el sofá. Quiero que hablemos.

Apenas podía reprimir una sonrisa de oreja a oreja. Sabía exactamente lo que me iba a decir: que podía quedarme a vivir con ella.

Se sentó a mi lado en el sofá.

—Robby —comenzó a explicar—, siempre traté de protegerte, pero después de todo lo que te ha pasado, creo que es hora de explicarte algunas cosas.

Me reacomodé en el sofá, buscando una posición cómoda. Todo indicaba que se trataba de una larga historia.

—Tu abuela Pauline nunca quiso a tu madre —dijo Gigi—. Pensaba que tu padre debía casarse con una mujer de una familia del mismo nivel social y económico. Según sus propias palabras, alguien «más de su clase».

De pronto, su gesto serio desapareció y la vi sonreír con picardía. Con un acento muy afectado repitió un dicho que le había oído decir muchas veces:

—Sin embargo, tú y yo sabemos que la clase no depende del dinero, sino del carácter.

Si alguien tenía clase, esa era Gigi, pensé. Yo también quería tener clase. Si pudiera vivir con ella, seguro lo lograría.

—Al ver que no podía impedir la boda —continuó Gigi—, Pauline hizo todo cuanto estuvo a su alcance para manejar los hilos y organizar las cosas a su modo.

Imitando el acento sureño almibarado de mi otra abuela, Gigi dijo:

—Joyce, querida, yo solo quiero lo mejor para ti y Robert.

Ahora era yo el que reía con picardía. Gigi movió la cabeza y su tono se volvió sarcástico cuando dijo:

—Debido a su obvia "bondad", Pauline les indicó a tu padre y a tu madre cómo debía ser cada uno de los detalles del casamiento. Tu madre no iba a aceptar las imposiciones de su suegra sin rebelarse. Parecía que esas dos obstinadas mujeres estaban decididas a reeditar la guerra entre el norte y el sur.

Gigi puso los ojos en blanco al recordar lo sucedido:

—Mientras tus padres estaban en su luna de miel, tu abuela contrató a una empresa para que se llevara todos los muebles del apartamento y los guardaran en un depósito. Luego colocaron unos muebles muy caros comprados por la propia Paulina.

—Mi madre se habrá puesto muy contenta al ver todos esos muebles —dije.

—¿Contenta? ¡No, Robby, para nada! Ella y tu padre estaban furiosos con Pauline por comprar muebles caros y reemplazar los que ellos habían elegido. Tu madre parecía una gata a la defensiva, bufando con el pelo erizado, y tu padre se encontró una vez más atrapado entre su esposa y su madre.

Pauline debe ser tan loca como mi madre, pensé. *¿Será que toda nuestra familia está loca?*

Gigi me explicó que después de dejarme en el Hogar, mi madre comenzó a llevar varios muebles a las casas de empeño para conseguir algún dinero.

—La convencí de que dejara los muebles y los regalos de casamiento aquí donde estarían a buen recaudo. Le entregué mis muebles para equipar su apartamento, además de mil dólares para pagar las cuentas hasta que consiguiera un trabajo que le permitiera sostenerse.

—¿Por eso hay tantos muebles en tu casa? —le pregunté—. Siempre me pregunté por qué tenías el apartamento tan lleno de cosas.

Gigi hizo una pausa, respiró hondo y volvió a ponerse seria. Me tomó de la mano y me miró directo a los ojos.

Ahora sí, pensé. *Me va a decir que venderá una parte de todo esto para poder tenerme con ella.* Me senté bien derecho y esperé que me diera la buena noticia.

—Robby, espero vivir lo suficiente para verte terminar la universidad y casarte.

¿Qué?

—Todos estos hermosos muebles de caoba, la vajilla, la cristalería y los objetos de plata serán tuyos después que muera, o antes si lo deseas. ¡Los conservé para ti! Me alegro de haberlo hecho, porque tu madre hubiera vendido todo y gastado el dinero. Es tu herencia. Si tú y tu esposa no los quieren, podrán venderlos y comprar lo que les agrade. Sin embargo, será un buen empujón inicial.

Gigi temblaba de emoción. Imaginarme en la universidad, hecho un hombre, a punto de casarme, la ponía sentimental.

No obstante, yo estaba tan decepcionado que no podía emitir palabra. No podía creer que esta fuera la gran sorpresa que había estado esperando. Sin saber qué hacer, me acerqué a mi abuela y la abracé. Mientras Gigi lloraba, mi pensamiento fue: *Adiós a mi sueño.*

¿Y qué era todo este cuento de los muebles? No era más que otra chifladura que se sumaba a la locura de mi vida.

Gigi se recompuso y secó sus lágrimas.

—Basta de sensiblería. ¡Es hora de comer el helado! —anunció.

Así lo hicimos: vainilla con sirope de chocolate y caramelo.

Esa noche, al acostarme, tenía el estómago lleno, pero me sentía tan vacío como siempre.

La decisión

A LA MAÑANA SIGUIENTE, DESPUÉS del desayuno, la desilusión seguía viva en mí mientras miraba los dibujos animados en un pequeño televisor en blanco y negro ubicado detrás de la puerta del dormitorio de Gigi.

Mi abuela prefería la radio. Le gustaba un programa de la Misión «Pacific Garden», el cual presentaba historias de personas alcohólicas o sin hogar que después de haber tocado fondo levantaron la mirada, buscaron a Dios y lograron que su vida diera un giro positivo. Para mí, todo ese asunto de Dios no era importante, pero sí lo era para Gigi. Las veces que presté atención fue debido al mensaje de esperanza: no importa lo mal que estén las cosas, siempre es posible cambiar y tener una vida mejor. Me gustaba esa idea, aunque parecía no aplicarse en mi caso.

El sábado era el día libre de Gigi, pero de todos modos fuimos en metro a su lugar de trabajo, las tiendas Marshall Field, en el centro de Chicago, porque quería que sus amigas me conocieran.

Podría haber pasado todo el día mirando el gigantesco tren eléctrico montado en la tienda. Un empleado lo mantenía funcionando todo el tiempo, y la instalación incluía varios vehículos, edificios y montañas. Sin embargo, el plan de Gigi era que sus amigas vieran cuánto había crecido, comprarme una camisa y comer un postre en el salón Walnut.

El salón era enorme, con paredes revestidas de nogal y un cielorraso altísimo que se elevaba varios pisos más arriba. Sobre las pequeñas mesas, la mantelería de hilo blanco era el marco perfecto para que lucieran las copas de cristal y los cubiertos de plata. Los mozos vestidos de negro y blanco me recordaban a los pingüinos.

El chocolate «Frango» con un toque de menta era exquisito. Después de comer hasta saciarme, como era mi costumbre, me recliné hacia atrás contra la silla y aguardé. Tenía la impresión de que Gigi se estaba preparando para otra conversación importante. Esperaba que fuera algo mejor que la historia de los muebles.

—Robby, como sabes, el trabajador social, Nola y los médicos me han hablado mucho de tu futuro y acerca de qué sería lo mejor para ti.

Me enderecé en la silla. Mi vieja esperanza afloró y revivió.

Esta vez sí, pensé. *Finalmente va a decirme que venga a vivir con ella.*

—Cuando tu madre te alejó de todos nosotros durante tanto tiempo, sin autorización, el director del Hogar de Niños fue a ver a un juez y consiguió que le quitaran la custodia. Tu tía Alice, hermana de tu padre, está casada con un abogado. Él nos dijo a mí y a la familia de tu padre que cualquiera de nosotros podría tener la custodia legal. Y Arnold, un hermano de tu abuelo Mitchell, asumió esa responsabilidad. Tal vez no lo sepas, pero tu abuelo paterno falleció tres meses después de que tu padre… sufriera el accidente.

¿Qué? ¿Qué me está diciendo?

¿No voy a vivir con ella? ¿Me enviarán con un viejo que ni siquiera conozco?

¡Y no fue un accidente! Lo hizo a propósito. ¿Por qué los adultos nunca me hablan claro?

Gigi debe haber percibido mi desconcierto y enojo.

—Es un buen hombre, Robby —se apresuró a decir—. Vive en Atlanta, Georgia, y es el dueño de la automotora Mitchell, que vende automóviles Oldsmobile y Rolls Royce. Él aceptó tener tu custodia, de ese modo habrá alguien de la familia que tome decisiones con respecto a tu situación en lugar de que lo haga el estado o tu madre.

—Pero, Gigi, ¿por qué no puedo vivir contigo? —pregunté sin poder contenerme.

Su voz no dejó traslucir ninguna emoción:

—Está claro que no hay ninguna posibilidad de que tu madre mejore lo suficiente como para hacerse cargo de ti. Oro cada día pidiendo que al menos pueda dejar el hospital psiquiátrico y pasar a una institución intermedia. Quizás entonces… pero es solo una lejana posibilidad, podría conseguir un trabajo y mantenerse. No obstante, creemos que nunca estará en condiciones de cuidarte.

Asentí con la cabeza, pero no dije nada.

—Tu padre nunca saldrá del Hospital Allen en Georgia. Puede caminar, pero no recuerda mucho del pasado, no puede vestirse y es difícil entender lo que dice. Le gusta que lo visiten su tío Arnold y tu tía Alice, pero se enoja cuando ve a su madre, tu abuela Pauline. En realidad, se pone tan mal que, según me dijeron, ella dejó de visitarlo.

¿Qué significaba toda esta charla sobre mis parientes en Georgia? Ni siquiera sabía quiénes eran. Nunca antes se preocuparon por mí. ¿Por qué ahora? ¿Qué es lo que Gigi realmente estaba tratando de decirme?

—Robby, te amo con todo mi corazón —prosiguió—. Sin embargo, debo ser realista. Cumpliré setenta años el próximo año. Son demasiados años para criar a un niño tan vivaz como tú. Necesitas un lugar apropiado para un niño en vez de vivir junto a una señora tan mayor.

Me guiñó un ojo, de modo que yo forcé una sonrisa para hacerla sentir mejor. El «pingüino» del salón de té llenó una vez más la taza de Gigi, mientras ella extraía un sobre de su bolso.

—¿Y qué piensan hacer conmigo? —pregunté.

—John me dio la carta que envió el equipo médico de Chicago. Quiero leerte parte de su informe. "En vista de sus antecedentes familiares, es difícil saber qué determinó que Robby no resultara seriamente afectado por las experiencias vividas. Se ve a sí mismo como alguien que fue dejado a un lado. Quiere creer que no fue por su culpa, pero debería salir de la institución antes de que pierda la capacidad de desarrollarse a plenitud como un joven intelectualmente capaz y socialmente adaptado".

Más palabrerío sin sentido.

Insistí con la misma pregunta, aunque esta vez el tono fue cortante:

—¿Y qué piensan hacer conmigo?

Gigi dobló la carta y me explicó las tres opciones.

—Puedes seguir en el Hogar nueve años más, hasta completar la escuela secundaria. Puedes ir a vivir con una familia adoptiva durante un período de prueba y decidir si te sientes cómodo con alguna de ellas. O quizá puedas vivir con alguno de los Mitchell en Atlanta.

Calló y esperó mi respuesta.

Por nada del mundo iré a vivir con una familia adoptiva, pensé. Los trabajadores sociales ya lo habían mencionado y me había negado.

Es posible que algunas de esas familias fueran buenas, me decía a mí mismo, ¿pero cómo saberlo? Los niños que encontraban una buena familia jamás regresaban al Hogar, así que nunca nos enterábamos. Aquellos chicos que conocía solo relataban malas experiencias.

Nos habían advertido que si la familia adoptiva tenía hijos propios, al menos uno de esos hijos rechazaría la presencia del «intruso». Su consejo era que nunca debíamos ir a una casa donde hubiera niños menores que nosotros, que buscáramos una familia en la que fuéramos el hijo menor.

Conocía algunos niños que habían vivido con cinco familias diferentes antes de cumplir los diez años. En lugar de sentirse amados, se sentían como esos cachorros recogidos en la calle que se esfuerzan por hacer felices a sus «dueños». Los trabajadores sociales no ayudaban mucho cuando advertían que si los niños no tenían un buen comportamiento podían ser enviados de regreso al Hogar.

Una vez le había preguntado a Peggy, una de las niñas mayores, qué pensaba, y me respondió: «No vayas». Ella había leído la novela *Anne of Green Gables*, la historia de una niña que había sido enviada con una familia adoptiva. Sin embargo, esa gente había pedido a un varón para que trabajara en la granja, así que cuando Anne llegó, la mujer le advirtió que la enviarían de regreso. Anne había respondido que si le permitían quedarse con ellos, trataría de ser lo que esperaban y haría todo lo que le pidieran.

—Pues yo te aseguro que no haré eso, Robby. No somos monos de circo que estamos supuestos a mantener contentos a una familia adoptiva. Prefiero seguir en el Hogar antes que sentirme rechazada otra vez —afirmó Peggy.

Yo la comprendía. Todos nosotros, en el orfanato, anhelábamos vivir en un hogar de verdad con adultos. Buscábamos desesperadamente amor, protección, cuidado y seguridad. No obstante, el sistema de los hogares de acogida colocaba a los niños con personas que no siempre asumían un compromiso a largo plazo. Los adultos claves en nuestra vida nos habían decepcionado, ¿cómo podíamos esperar algo mejor de personas desconocidas?

De mala gana, decidí probar suerte con mis parientes en Atlanta. Si eso no funcionaba, me quedaría en el hogar. Prefería no seguir allí, pero al cabo de cinco años, era el único hogar que conocía.

Gigi bebía su té y aguardaba mi respuesta.

—Quiero vivir en una casa con una familia —dije por fin—. No quiero seguir en el Hogar ni quiero ir a un Hogar adoptivo. No quiero sentirme parte de una familia que después de un tiempo me enviará de regreso al Hogar.

Gigi pareció algo aliviada.

—Queremos que hagas lo que consideres mejor para ti —dijo con voz pausada—. Pero reconozco que me preocupa que una familia adoptiva tal vez no me permita verte. Eso sería terrible para mí.

—¿Puedo probar con Atlanta, Gigi? A lo mejor, cuando me conozcan, aceptarán que viva con ellos. Y como es mi propia familia, podré venir a visitarte, ¿no?

Gigi dudó un momento antes de responder:

—Supongo que sí, Robby, aunque solo podré verte una o dos veces al año.

Dio un profundo suspiro y agregó:

—Entiendo por qué no eliges una familia adoptiva y que no quieras permanecer en el Hogar hasta terminar la escuela secundaria. Creo que es una buena idea que conozcas a tu familia en Atlanta. Le diré al director del Hogar que estoy de acuerdo con tu decisión.

Me sonrió y se puso de pie:

—¡Vamos a ver los trenes!

Siempre había disfrutado al ver a los trenes eléctricos de juguete girar y girar vuelta tras vuelta. En algún sentido, ese día me pareció la imagen apropiada. No tenía idea de qué curso seguía mi vida, y no había modo de saber si finalmente llegaría a algún lado.

[9]

Atlanta

Había llegado el momento de hablar con el trabajador social a cargo de mi caso. John ya no estaba en el Hogar, pero no me enojé cuando se marchó. En mi opinión, no era más que otro adulto que me había abandonado, y ahora enfrentaba esta nueva entrevista sin ninguna expectativa.

No me acuerdo del nombre ni el rostro del trabajador social, aunque sí recuerdo que usaba camisas blancas almidonadas y corbatas lisas. A los tipos como él los llamábamos «los Camisas Blancas». La mayoría de ellos parecían tan tiesos y formales como su vestimenta.

—Lamento que hayas decidido no aceptar la propuesta de una familia adoptiva, Robby. Entiendo cómo te sientes, pero creo que te equivocas. Hemos tenido muy buenas experiencias.

Aunque le prestaba atención a sus palabras, mi decisión ya estaba tomada.

—Supongo que no hemos sabido transmitirles una visión positiva de cómo funcionan estos hogares. Ustedes solo han hablado con los niños que regresan porque el lugar designado no funcionó. Sin embargo, en este momento tenemos buenas familias dispuestas a recibir niños. No vamos a obligarte, pero sigo pensando que deberías hacer un intento al menos.

—Se lo agradezco, pero no, gracias —respondí con sarcasmo—. No me interesa.

—Bueno, en ese caso, me alegro de que sí estés dispuesto a considerar la opción de ir a Atlanta —dijo sonriente.

—¿Por qué? —pregunté con ánimo combativo.

—Eso significa que no has rechazado esa posibilidad.

—No entiendo por qué usted y Gigi se alegran con la idea de Atlanta. Esa gente no me quiere. Son desconocidos para mí. Hace cinco años que estoy en el Hogar y jamás alguno de ellos vino a verme.

—Sé como te sientes —respondió—. Pero realmente queremos que vivas en un hogar normal. No deseamos que permanezcas aquí hasta finalizar la escuela secundaria.

Le clavé la mirada enojado:

—Así que tampoco me quieren aquí, ¿no es así?

Se vio en una situación muy incómoda, vaciló y tartamudeó, sin saber qué responder, pero antes de que pudiera decir algo, estallé en una carcajada.

Le había hecho una buena jugada. Como muchos niños en el Hogar, trataba de dominar la situación sacando de quicio a las figuras que representaban la autoridad. Algunos lo hacían con estallidos violentos o un mal comportamiento. Yo, en cambio, prefería tergiversar las palabras de los adultos y conseguir que reaccionaran como esperaba.

Cuando por fin paré de reírme, le dije:

—¡Debería haber visto su cara, fue muy gracioso!

Esbozó una sonrisa forzada. *La verdad es que esta gente del servicio social debería aflojarse la corbata y aprender a divertirse más*, pensé.

—Bien, Robby, ¿podemos continuar?

Asentí, conteniendo la risa.

—El hecho de que aceptes la posibilidad de ir a Atlanta es una buena señal. Significa que emocionalmente estás bien, así que…

No escuché el resto de la explicación.

¡No estoy bien!, grité en silencio. *¡Ni sueñen que estoy bien!*

¿No se daba cuenta de que la única opción que realmente quería era la que nadie mencionaba? Desde que tenía tres años nunca había dejado de soñar con el día en que Gigi me llevara a vivir con ella.

En su apartamento hay suficiente lugar para ambos, pensé. *¡Por favor! Conozco familias de seis personas que viven en apartamentos más pequeños que el de Gigi. ¡No lo entiendo! No tiene ningún sentido que no* *me lleve a vivir con ella. Mi madre está recluida en una institución y sin posibilidad de interferir, ¿cuál es el impedimento?*

Seguí esforzándome por encontrarle una explicación al asunto durante los meses siguientes, mientras el Hogar planificaba una visita a mi familia de Atlanta en el verano.

¿Le habrán dicho a Gigi que yo me volveré loco como mi madre? ¿Piensa ella que seré tan chiflado como Pauline o mi padre? ¿O creerá que voy a ser un adolescente complicado que solo le causará problemas? Sé que Gigi me quiere, ¿cuál es el problema entonces?

No hallé respuesta. Tal vez no importaba. Los adultos dominaban la situación. No podía cambiar nada.

De modo que mi vida en el Hogar siguió el mismo ritmo de los últimos seis años, como el repique constante, pero molesto, de un tambor: levantarme, vestirme, desayunar, ir a la escuela, soportar las burlas, alejarme de los buscapleitos, regresar al Hogar, merendar, descargar un poco de energía en el patio, cenar, hacer las tareas escolares, escuchar una historia de la Biblia, acostarme y pensar.

Pensé durante largo tiempo antes de dar con la solución. Llegué a la conclusión de que se trataba de un problema de dinero. Gigi no tenía suficiente dinero para sostenernos a los dos. ¡Necesitábamos dinero! Me propuse buscar la manera de conseguir algo de dinero.

Cuando terminé cuarto grado, Gigi y yo viajamos a Atlanta en avión. Fue emocionante volar por primera vez; no conocía a ningún niño de nueve años que en 1964 hubiera viajado en avión.

El plan era pasar dos semanas de las vacaciones de verano con mi familia a fin de conocernos. A los dos días de llegar, Gigi regresó a Chicago y yo me quedé con mi tía Alice, hermana de mi padre; su esposo, Mack; y sus tres hijos, una niña y dos varones. El mayor, Mack Jr., era dos meses menor que yo. Mi abuela, Pauline Mitchell, también vivía con ellos.

Si mi problema era el dinero, había llegado al lugar indicado. ¡Esta gente nadaba en dinero! Quedé deslumbrado al ver la mansión de tres pisos en el elegante barrio de Buckhead, en Atlanta, con sus enormes salones colmados de muebles, una biblioteca, arañas de cristal, cinco dormitorios, tres baños completos y dos cuartos de aseo. ¡Un total de tres bañeras y cinco inodoros para seis personas! Una diferencia abismal con nuestro piso en el Hogar, donde dieciséis niños debíamos compartir dos bañeras y dos inodoros.

Lucille, la cocinera, también vivía en la casa. Era una mujer negra, de complexión mediana y temperamento callado. No había personas negras en Princeton, una comunidad agrícola de origen sueco. En Chicago había visto a algunos —mi madre se refería a ellos como «esa gente»— pero no había tenido trato con ninguno. Lucille, que llevaba más de cuarenta años trabajando con los Mitchell, es decir, desde antes de nacer mi tía Alice, parecía formar parte de la familia. ¡Y el apartamento que ella ocupaba encima del garaje también tenía un baño completo!

No hay duda de que aquí tienen suficiente lugar para mí, pensé. *Si nos llevamos bien, no habrá nada que les impida invitarme a vivir con ellos.*

Mis primos y yo nos adueñamos del patio rodeado de magnolias. Era nuestro lugar de juego cuando estábamos afuera, pero se trataba de nuestro segundo lugar favorito, porque la preferencia la tenía el salón de juegos en el sótano. Una mesa de billar de medidas profesionales ocupaba el espacio principal, pero había también una mesa de ping-pong, varios sofás, una estufa de leña y un bar.

A los pocos días, mis primos me apodaron «Frisky». Tenía mucha más energía que ellos, de modo que muy pronto comenzaron a turnarse para jugar conmigo, ya que decían que los dejaba agotados. Después de una hora de jugar billar, baloncesto o fútbol en la calle, uno de mis primos llamaba a su hermana y le decía que ahora era su turno.

Cuando nos cansábamos de los entretenimientos que ofrecía la casa, me llevaban a nadar a la gigantesca piscina del club Capital City. Nunca antes había estado en un club social, pero enseguida me di cuenta de que este debía ser muy caro.

Antes de nuestra primera salida al club, mi tío Mack me llevó aparte un momento. Era alto y apuesto, con cabello oscuro y abundante y una sonrisa cordial, aunque por momentos algo distante. Me miró y me dijo que si quería comer o beber algo mientras estábamos en el club, simplemente debía pedirle al mozo que lo cargara a su cuenta.

¡Eso sí que está bueno!, pensé. Durante esas dos semanas comí todo cuanto deseaba.

Mi familia de Atlanta rara vez me preguntaba sobre mi vida en el Hogar. Cuando hacían alguna vaga referencia al asunto, evitaba responder y cambiaba de tema por temor a que si conocían más sobre el Hogar, pensaran que era un niño raro y no volvieran a invitarme. Deseaba que pensaran que era un niño como cualquier otro y que me invitaran a vivir con ellos.

Durante las siguientes dos semanas pretendí que esa era la vida que estaba supuesto a tener. Todo era perfecto, excepto mi abuela Mitchell.

Rara vez salía de su habitación en el piso superior. Dormía casi hasta el mediodía y luego llamaba a Lucille por el intercomunicador para pedirle que le llevaran el desayuno. A veces tomaba un taxi para ir a jugar *bridge* con sus amigas o al City Club. Pasaba la mayor parte del tiempo en su sillón leyendo o mirando televisión.

Si la puerta de su dormitorio estaba abierta, mi situación se complicaba. Parecía estar al acecho como un ave de presa, y cuando me escuchaba subir corriendo la escalera, me llamaba con su tono entre quejoso y lastimero:

—Robby, querido, ¿no tienes un minuto para tu pobre abuela?

A veces le decía que debía bajar rápido porque alguien me esperaba abajo, pero por lo general la culpa hacía que entrara a regañadientes en su habitación.

—¿Lo estás pasando bien aquí? —era la pregunta habitual—. Siéntate y cuéntame todo lo que has hecho.

Apenas lograba articular una o dos frases, porque enseguida ella retomaba la palabra.

—Me alegra saber que vives en un hermoso lugar con muchos amiguitos para jugar y personas que te cuidan —solía decirme.

Hubiera querido responder: «¿Cómo lo sabe? ¡Nunca me preguntó por el Hogar y jamás estuvo allí!», pero me limitaba a guardar silencio y me preparaba para lo que vendría después.

—Tu madre, y sabe Dios que solo le deseo lo mejor, estuvo a punto de arruinar tu vida, Robby. Pero ahora yo voy a ayudarte. Es importante que aprendas cómo comportarte en sociedad. Es preciso que mejores tus modales en general, Robby, pero en particular tus modales en la mesa. Por ejemplo…

Seguidamente me sermoneaba por todos los errores que había cometido. Sin embargo, no continuaba con las cuestiones de sociabilidad y etiqueta por mucho tiempo, sino que enseguida retomaba el tema de mi madre.

—Ay, Robby, me apena tener que hablar mal de otra persona, pero sé que *esa mujer* te ha dicho tantas mentiras sobre mí que es preciso que te cuente la verdad. Joyce es una mujer enferma y confundida. Jamás entenderé qué vio tu padre en ella.

Se le llenaban los ojos de lágrimas, pero no lograba conmoverme. Para mí era una vieja malhumorada y aburrida que siempre repetía el mismo guión, como una mala actriz. Usaba demasiado polvo blanco como maquillaje y mucho lápiz labial. Además, ¿por qué una mujer mayor tenía el cabello hasta la cintura? Siempre lo llevaba recogido en un moño en la parte superior de la cabeza, como un pequeño sombrero.

Pauline me recordaba al lobo de Caperucita Roja, que simuló ser una tierna abuelita aunque en realidad solo le interesaba la oportunidad de atacar. Después de lamentarse por la esposa que su hijo había escogido, sacudía la cabeza y decía:

—Con mucho tacto traté de hacerle ver ciertas cosas que había notado en ella, pero mi tierno y querido Robert se negó a escucharme. Nunca entenderé por qué. Después de todo, mi intención no era controlarlo ni entrometerme, simplemente quería lo mejor para mi adorado muchacho.

Cuando ya no la soportaba más, interrumpía sus lamentos y le pedía permiso a fin de ir a reunirme con Mack, que me esperaba para seguir jugando. Siempre accedía, aunque no sin antes dejar escapar un suspiro. Me ponía de pie, besaba su frente arrugada y empolvada, y salía del cuarto. Deseaba alejarme cuanto antes para poder limpiarme la boca y librarme del sabor que me dejaba en los labios.

Mi tía Alice parecía compadecerme cuando me veía atrapado en una de estas sesiones. Nunca me preguntó cómo me sentía, pero si lo hubiera hecho, le habría dicho que lo que Pauline dijera no me afectaba nada. Para mí, la única diferencia entre Pauline y mi madre consistía en que Pauline era rica y vivía en una mansión y mi madre en un hospital psiquiátrico. Las dos estaban enfermas, llenas de odio:

se odiaban una a la otra, odiaban a los inmigrantes, a los negros, y a cualquier persona o cosa que se interpusiera en su camino.

Ambas despotricaban contra el Dr. Martin Luther King Jr. y las marchas que organizaba por la igualdad de derechos. Después de conocer a la gente que trabajaba en la casa de Atlanta, me resultaba incomprensible ese enojo. Todos eran negros, y todos eran muy buenos y amables conmigo. ¿Por qué alguien habría de odiarlos? ¿O por qué pensar que no debían recibir el mismo trato que los blancos?

También sabía con certeza que Pauline no me amaba más de lo que me amaba mi madre. Yo era simplemente otro objeto de disputa entre ellas. Si no hubiera nacido, pelearían por alguna otra cosa. Para ellas lo más preciado no era yo, sino el poder.

Viajé solo en el avión de regreso. Gigi y «Camisa Blanca» me esperaban en el aeropuerto de Chicago. Durante todo el trayecto hasta Princeton no paré de hablar acerca de la magnífica casa, cuánto me había divertido, qué buena era la familia y cómo me gustaría volver. No dije nada sobre Pauline. No me pareció que valiera la pena hablar de su comportamiento.

Tan pronto llegamos al Hogar, Gigi se despidió con un beso y fue a hablar con mi consejero antes de tomar el tren de regreso a Chicago. Yo corrí al encuentro de Nola para contarle mi aventura.

—¡No me vas a creer! —le dije entusiasmado—. ¡La casa es enorme! ¡Mis primos son buenísimos! Jugamos billar, fútbol y baloncesto, y fuimos a nadar a un club genial, y…

Hablaba sin parar, y la sonrisa de Nola se hacía cada vez más grande hasta que pareció no caberle en la cara.

¿Se estará riendo de mí?, pensé.

—¿De qué te ríes? —le pregunté.

—Tu historia me recuerda a *Oliver Twist*.

—¿Quién es Oliver Twist? ¿Alguien que llegó al Hogar cuando yo no estaba? —le pregunté.

Nola rió.

—*Oliver Twist* es una historia acerca de un niño que fue separado de su familia, llevado a un orfanato, luego rescatado, y al final se descubre que su familia es muy rica.

Eso me entusiasmó.

—¿Puedo conocerlo?

—No, Robby. Oliver es el personaje de una novela. Leerás el libro en la escuela secundaria.

Fruncí el entrecejo en señal de desconcierto.

—No es una historia real, Robby. Es una historia antigua, muy famosa, escrita por alguien llamado Charles Dickens.

—¿Crees que seré como el niño de ese libro?

—Bueno, teniendo en cuenta cuánto te gusta comer y lo decidido que eres, es fácil imaginarte con un tazón en la mano pidiendo: «Más avena, por favor».

Nola rió con ganas. Yo no tenía idea de por qué se reía, pero su risa era tan contagiosa que acabé riendo con ella.

Cuando paró de reír, me explicó:

—Es una escena famosa del libro, y no pude evitar imaginarte haciendo lo mismo que el niño de la novela.

No acababa de comprender la comparación, pero lo importante era que ella no se reía de mí.

—¿Te parece que podría ser como Oliver Twist y que mi familia rica me rescate como le ocurrió a él?

Como tantas otras veces, Nola se arrodilló frente a mí y me abrazó fuerte.

—Espero que sí, Robby. Ojalá… ojalá eso se cumpla —susurró en mi oído.

Fue algo más que un deseo. Sus palabras sonaron como una oración.

¿Podré vivir con ellos?

Sɪ ʟᴀ ꜰᴇ ᴇs ʟᴀ certeza de lo que se espera, por primera vez en muchos años tuve fe de que por fin podría tener una vida normal. Vivir con mi familia rica se volvió mi sueño. Tenía que causar muy buena impresión en mi próximo viaje.

Quinto grado transcurrió lento. Cuando por fin llegaron las vacaciones de verano, abordé de nuevo el avión rumbo a Atlanta.

Mi tía Alice y mi primo Mack me recogieron en el aeropuerto. Al llegar a su casa en Buckhead, subí mi maleta a mi habitación.

En ese momento, mi tío Mack me llamó a su cuarto y cerró la puerta.

—Siéntate, Robby. Quiero decirte algo.

El corazón me latía con fuerza. *¡Es el hombre de la casa!*, pensé. *Me va a decir que puedo quedarme.* Temblaba de emoción.

—El verano pasado —comenzó a decir—, cuando te dije que podías ordenar lo que quisieras en el club… ¡no quise decir que podías ordenar todo lo que había en el menú!

Sentí que me ponía rojo como una remolacha. Tío Mack sonrió.

—No quiero que te sientas mal, Robby. Solo haz lo que hacen tus primos y, por favor, no comas tanto.

Quedé apabullado. Apenas pude balbucear una disculpa.

Todo el año había planeado ser un niño tan maravilloso que esta familia me rogaría que me quedara con ellos. ¡Y ahora, apenas una hora después de mi llegada, veía arruinada por completo mi oportunidad!

¿Cómo pude ser tan tonto la primera vez que vine?, pensé. Peor aún, no sabía cuál sería la medida correcta para este año.

Decidí guiarme por mi primo Mack. En el club comía lo mismo que él, a veces menos.

Pasado el impacto de esa primera conversación, las cosas se encaminaron bien. Mis primos reían todo el tiempo, y mi tío Mack también. Imaginé que me había perdonado y seguían disfrutando de mi compañía. Mi expectativa creció cuando mi tía Alice se ocupó de que pasara algún tiempo con los hermanos de mi abuelo Mitchell y sus familias. Me sentí a gusto con ellos, llevándome muy bien con mi tío Arnold y su esposa Annis.

Arnold era alto y delgado, con nariz aguileña, una sonrisa amplia y risa franca. Era el propietario de un concesionario de automóviles Rolls Royce y Oldsmobile, y poseía una enorme casa ubicada en una hectárea (tres acres) de terreno en el centro de Atlanta y un campo de sesenta hectáreas (ciento cincuenta acres) en las afueras de la ciudad. Al final de la segunda semana, pasé unos días con ellos en el campo trabajando, pescando y jugando.

Mi tía Annis era alta, se describía a sí misma como una «muchacha de campo», y tenía el cabello entrecano. A la hora de la comida, siempre me preguntaba:

—Hijo mío, ¿cómo puedes comer tanto?

No podía contenerme, pues en el Hogar nunca comíamos pescado o pollo frito con panecillos hechos en casa cubiertos de mantequilla y miel. La variedad de verduras —calabacines, tomates, ocra, verduras de hoja verde, frijoles carita— era enorme comparada con la dieta del Hogar a base de papas, maíz y guisantes enlatados enviados por el gobierno. ¡Tampoco había helado en el Hogar, mientras que aquí podía comer cuanto quería!

El tiempo pasó volando con ellos. Al despedirme de mi tío Arnold, reuní valor para hacerle la pregunta que siempre rondaba mi mente:

—¿Podría tal vez venir a vivir aquí con ustedes?

Su sonrisa fue amable y afectuosa.

—Tal vez, Robby —dijo, mientras me alborotaba el cabello

cariñosamente—. Ahora recoge tu bolso que es hora de irnos. Tu tía Alice y tu tío Mack te esperan para llevarte al aeropuerto.

Antes de abordar el avión, junto a la puerta de embarque, hice un nuevo intento. Con una gran sonrisa y los dedos cruzados, les dije a mis tíos:

—Muchas gracias por la estadía. Me encanta venir aquí. ¿Creen que a lo mejor podría volver y quedarme a vivir con ustedes?

Por toda respuesta, mi tío Mack me dio la mano, como si saludara a uno de sus clientes en su bufete de abogado. Mi tía Alice me obsequió un abrazo poco efusivo. Ninguno de los dos respondió a mi pregunta.

Sin embargo, no me di por vencido. De regreso en el Hogar, le preguntaba a Nola con regularidad si mis tíos habían llamado para informar que iría a vivir con ellos. No hubo llamadas.

Durante el resto del verano, cada sábado, le preguntaba a Gigi si había tenido noticias de Atlanta. Siempre respondía:

—Debes ser paciente, Robby. Te prometo que hablaré con ellos.

Hacia fines de agosto, no podía controlar mi ansiedad y le pregunté exasperado:

—Gigi, ¿qué hay de mi mudanza a Atlanta? ¿No has hablado con ellos?

—Hemos hablado, Robby. Pero aún no hay novedades.

Intentó cambiar de tema, pero no estaba dispuesto a permitírselo.

—Quiero saber qué te dijeron, Gigi. Sé que les agrado. Me van a llevar con ellos, sé que lo harán. ¡Los hago reír!

Me dio unas palmaditas en la cabeza.

—Quizás este no es un buen momento para ellos. Tal vez podamos hacer arreglos más adelante.

¿Más adelante? Yo no quería ir más adelante. Deseaba ir ahora.

* * *

No estaba claro si había o no lugar para mí en Atlanta, pero muy pronto fue evidente que no había lugar para mí en el sector de los niños menores.

Aquel otoño, una semana antes de comenzar las clases, Nola me dio una noticia que me cayó como una bomba.

—Hay demasiados niños en nuestro sector, Robby. Necesitamos darle lugar a los que llegan. Este año pasas a sexto grado, de modo que pensamos que ya estás listo para trasladarte al sector de los niños mayores.

—¡Pero, Nola, no soy mayor! —me quejé—. Recién voy a cumplir once años. Ni siquiera llego a medir un metro y medio (cinco pies) y peso menos de cuarenta y cinco kilogramos (cien libras). ¡En ese sector hay gigantes! ¡Tienen dieciséis, diecisiete y dieciocho años!

—Lo lamento, Robby, pero no hay otra solución. Ahora tenemos muchos niños pequeños, así que este cambio es necesario. No tiene nada que ver contigo; las cosas se han dado así.

—¡Pero… arriba me van a pegar!

—Lo siento, Robby, de veras lo siento —dijo con voz queda.

Luego, como una mamá osa que sabe que llegó la hora de que su cachorro se independice, se volvió y se alejó.

El supervisor del sector de los mayores me ayudó a mudarme al otro edificio y me mostró mi habitación. Mientras avanzaba por el pasillo cargando una caja con mis pertenencias, un muchacho gritó: «¡Carne recién llegada a nuestro piso!», y su comentario fue seguido de numerosas carcajadas contenidas.

Mi compañero no estaba en la habitación cuando llegué. Nola me había dicho que era tres años mayor que yo y me aseguró que parecía ser más amable que la mayoría de los muchachos del sector.

Todo resultó bien con él. Sin embargo, no me defendía ni nos hicimos amigos. Me encontraba solo en una cueva de leones.

Pronto supe que los leones tenían un plan para mí. Todos los días, de un modo u otro, recibía un par de golpes. Cada día alguno de los mayores me recordaba que vivíamos bajo la «ley del gallinero», y según ese orden jerárquico ocupaba el último lugar. No estaba en discusión la aplicación del castigo; la cuestión era decidir quién lo propinaría.

Yo no era la única víctima. Era habitual que uno de los mayores llegara al Hogar de mal humor y se desquitara con el primer niño que veía en su camino. Si aparecía algún ojo morado o una herida sangrante, se metían en problemas, de modo que los grandes nunca dejaban marcas visibles. El golpe con los nudillos en la cabeza era uno de sus preferidos, porque el cabello ocultaba los dolorosos chichones. Otra práctica habitual era darnos fuertes golpes en el antebrazo cuando se cruzaban con nosotros en el corredor.

Si al salir de mi cuarto veía a uno de estos «desalmados» en el pasillo, retrocedía y cerraba la puerta. Por desgracia, las puertas no tenían cerrojo. En ocasiones el grande seguía de largo, pero la mayoría de las veces entraba detrás de mí.

Había un muchacho de los más fuertes y realmente perverso que nunca seguía de largo. Siempre entraba de manera violenta, abría la puerta de un golpe, y me dejaba aprisionado entre la pared y la puerta. A veces eso le bastaba. Otras, me levantaba en el aire mientras yo sacudía brazos y piernas hasta que me arrojaba al otro lado de la habitación. Después de un golpe en la cabeza bien dado, seguía su camino sin dejar rastros de lo que había hecho.

Estaba en una situación de absoluta desigualdad frente a esos abusadores, pero no podía contenerme y les daba pelea. Cuando le presenté mis quejas a Nola en el patio, respondió:

—Robby, nunca te vi comenzar una pelea, pero tampoco te vi alejarte de ellas. ¿Por qué no intentas hacerlo? Verás que así el juego de los grandes pierde toda la gracia.

Quizá tenía razón. No obstante, aun si hubiera tenido el dominio propio necesario para alejarme, no quería hacerlo. Deseaba golpear a mis adversarios hasta hacer desaparecer todo mi enojo y frustración.

Solo que nunca desaparecieron; por el contrario, empeoraron.

Muy pronto, mis intentos de descargar mi furor tomaron un giro oscuro y peligroso. No podía derrotar a mis torturadores humanos, así que comencé a descargar mi frustración con los animales indefensos.

Todo comenzó cuando le pedí a Gigi que me regalara un juego de química para Navidad. Cumplió mi deseo, tal vez porque pensó que quería ser médico o científico. Los sábados por la tarde, provisto de algunos frascos con productos químicos, montaba en mi bicicleta y recorría un par de kilómetros hasta el arroyo que corría a un costado del vertedero de basura de la ciudad.

Allí nadie me molestaba y había gran cantidad de ranas para mis experimentos.

Al principio me dediqué a investigar qué producto químico las dejaba ciegas. Durante algún tiempo experimenté una cruel satisfacción al verlas golpearse contra todo cuando saltaban, pero pronto me cansé de ese juego.

Luego me dediqué a las explosiones. En la clase de ciencias habíamos aprendido qué productos químicos combinados producían explosiones. Los petardos y el fertilizante robado se convirtieron en mis armas preferidas, y las ranas fueron las víctimas. Las llamaba por los nombres de los buscapleitos de mi piso y luego las volaba en pedazos. Observar cómo los dobles de mis hostigadores volaban por el aire me hacía sentir mejor, al menos temporalmente, pero no solucionaba mi problema. Logré terminar sexto año sin ser descubierto... y encontrándome igual de lejos de cualquier posibilidad de tener un hogar real.

Aquel verano volé de nuevo a Atlanta. Una vez más me sentí como un actor en una tragicomedia: una cálida bienvenida, mucha diversión, mucho esmerarme, y la misma pregunta de si podía ir a vivir con ellos antes de comenzar séptimo grado.

Y una vez más, el mismo silencio.

* * *

Había llegado el momento de comenzar el ciclo básico de la secundaria. Me entusiasmaba la perspectiva de un nuevo comienzo en una nueva escuela.

Gigi me compró dos pares de pantalones y dos camisas. Estaba muy orgulloso de mi ropa nueva. Durante la primera semana, cada día los combinaba de manera diferente.

Sin embargo, no todo el mundo se mostraba impresionado. Al finalizar la primera semana, una compañera del salón de clase me miró de arriba abajo con desprecio.

—Otra vez la *misma* camisa —dijo emitiendo un sonido de desaprobación—. ¿Es la única ropa que tienes?

Quedé completamente apabullado y no pude responder. No obstante, enseguida comencé a gritarle en silencio.

¡Es la mejor ropa que tengo! Es ropa nueva, no de segunda mano. Mala suerte si mi guardarropa no es del agrado de Su Alteza. Es lo único que Gigi pudo comprarme.

Hubiera querido golpearla en pleno rostro para borrarle ese aire de superioridad y hacerle tragar mi espantosa camisa. De nuevo me sentí como un espectador de una realidad que me era ajena.

El séptimo año no resultó mejor que los anteriores. El lugar era diferente, pero la lucha era la misma. Pasé el año al margen de las camarillas y seguí siendo el saco de boxeo de los mayores en el Hogar.

Un niño diferente abordó el avión hacia Atlanta al año siguiente. Estaba sentado sobre un volcán que pronto haría erupción.

Debo salir del Hogar antes de que haga alguna tontería, pensé. *Puede que esta sea mi última posibilidad. Debo averiguar cómo mi tío Mack y mi tía Alice desearían que fuera para poder quedarme con ellos.* Tengo *que conseguirlo.*

Sin embargo, a los pocos días de llegar a Atlanta, mi plan se frustró de repente.

—La semana que viene tu tío Warren te llevará a Greensboro, en Carolina del Norte —me dijo tía Alice—. Allí crecieron él, tu abuelo Mitchell y todos sus hermanos y hermanas. Toda la familia de Carolina del Norte se reunirá para un *picnic* y te han invitado.

Lo describía como si fuera algo muy divertido, pero yo tenía mis dudas. Solo había pasado un par de horas con este tío, un corredor de seguros y el mayor de los hermanos. ¿De qué íbamos a hablar durante un viaje tan largo?

Luego me di cuenta de que tío Warren podía ser parte de mi plan. *¡Qué tonto!*, me dije a mí mismo. *Esta puede ser una buena oportunidad para deslumbrar a tío Warren y lograr que se ponga de mi lado cuando pida quedarme en Atlanta.*

Durante la semana siguiente me esforcé el doble por ser gentil y ayudar a tía Alice, tío Mack y mis primos. No cargué nada a la cuenta de mi tío en el City Club, y hasta pasé algún tiempo con mi abuela Pauline.

Cuando llegó el día de ir a casa de tío Warren, me despedí de mis primos y luego abracé a mi tía Alice.

—Tal vez pueda regresar y quedarme a vivir con ustedes —le dije—. Le preguntaré a Gigi si está de acuerdo.

Observé atentamente cuál era su reacción. Su tierna sonrisa desapareció y su rostro se transformó en una máscara inexpresiva.

No dijo: «¡Eso nos gustaría mucho!».

No dijo: «Lo pensaremos».

Ni siquiera dijo: «Lo siento, Robby, pero no creo que sea posible».

No comentó nada, ni una sola palabra.

La explicación que encontré fue que ya tenía tres hijos y probablemente pensaba que conmigo rebasarían el número de niños que podían manejar.

Ya era lo suficiente maduro para reconocer cuándo una puerta se cerraba, y esta sin duda se había cerrado. Era hora de intentar llamar a otra puerta.

Debo ser muy amable y portarme muy bien con mis tíos Arnold y Warren, pensé. *Seguro alguno de ellos me aceptará en su casa.*

Me quedé un par de días en el campo con mi tía Annis y mi tío Arnold antes de que me llevaran a la casa de mi tío Warren. Al despedirme, hice un último intento:

—Me gusta mucho estar aquí con ustedes, tío Arnold. ¿Crees que tú y Gigi pueden buscar la manera de que venga a vivir aquí?

Asintió dando muestras de comprensión, pero no escuché ni una palabra que alentara mi esperanza.

Una vez más, un silencio muy elocuente me comunicó todo lo que no quería oír.

[11]

¿Por qué?

El Cadillac de mi tío Warren era tan grande como un bote. Duran-te el viaje, me contó innumerables historias de la familia de mi padre. Me contó que mi abuelo, Bob Mitchell, era el tercero de once hijos, un año menor que mi tío Warren. Todos los hermanos tenían nariz grande y aguileña. Cinco eran altos y cuatro eran bajos y macizos. Mi tío Warren estaba dentro de este último grupo.

El padre, un campesino aparcero pobre, fue el sostén de la familia compuesta de once hijos, nueve varones y dos mujeres. En 1910, en su carro tirado por mulas, acarreó ladrillos durante la construcción del Guilford College, en Greensboro, Carolina del Norte.

Varios años más tarde, mi abuelo Mitchell y algunos de sus her-manos, no sé bien cómo, lograron estudiar allí. Después de asegurarse prósperas carreras, los hermanos les compraron a sus padres una casa en Greensboro y se ocuparon de brindarles una buena vida en la vejez. Una de las hermanas de mi abuelo Mitchell y su esposo vivían allí y cuidaron a sus padres hasta el día de su muerte.

Herederos de esta ilustre historia, la gran familia de Carolina del Norte se reunía una vez más para el *picnic* anual.

Al llegar a la casa, quedé sorprendido por la cantidad de gente. Pienso que habría unos cincuenta adultos y otra cantidad de niños de mi edad.

Todos me dieron un cálido recibimiento. Era una familia simpática y afectuosa.

—Tu abuelo era un santo de pequeño —me dijo una de mis tías.

—Fue un santo toda su vida —agregó otra de ellas—. ¡Imagínense vivir junto a Pauline!

Mis tíos rieron.

Entiendo perfectamente de qué hablan, pensé.

Sin embargo, a pesar de la bienvenida, seguía confundido y no sabía cómo reaccionar. *¿Por qué Gigi nunca me habló de toda esta gente? Mi tío Mack y Mack Jr. no hablan de ellos. Mi abuela Pauline tampoco los mencionó.*

Nunca ninguno de todos ellos trató de ponerse en contacto conmigo. ¿Sabrían que yo existía?

Al poco tiempo de llegar, estaba jugando a la pelota con algunos niños de mi edad, pero seguía sintiéndome como un extraño. Cuando los adultos me preguntaron sobre mis preferencias en la escuela y el deporte, no mencionaron el Hogar de Niños. Parecía que había un acuerdo tácito de no hablar del tema.

Esa noche, antes de quedarme dormido, mi mente era un torbellino de ideas. *Saben que vivo en un orfanato y deben darse cuenta de que no quiero quedarme allí. ¿Por qué no me invitan a vivir con ellos? ¿Pauline les habrá contado que soy un niño que se porta mal? ¿Será que odian a mi madre? ¿Qué estará pasando?*

Estoy seguro de que mis tíos de Atlanta no me invitarán. ¿No podría hacerlo entonces alguno de los parientes de aquí? No soy muy mayor, tengo casi la misma edad que algunos de sus hijos. Podría adaptarme bien.

Al día siguiente, mi tío Warren me llevó a conocer Guilford College. Estaba a punto de preguntarle sobre lo que había estado pensando la noche anterior cuando me dio una noticia inesperada.

—Robby, debes saber que si cursas secundaria con buenas notas, podrás estudiar en Guilford. Al morir nuestros padres, todos los hermanos Mitchell creamos un fondo destinado a una beca universitaria para honrar su memoria. Esa beca podría cubrir tus estudios siempre que alcances el puntaje académico exigido.

No podía creerlo. *¿Podré ir a la universidad? ¡Nadie del Hogar había llegado a la universidad!*

Hasta ese momento, solo conocía a un muchacho que lo había logrado. Él había conseguido una beca como jugador de baloncesto después de vivir apenas un año y medio en el Hogar.

La mayoría de los muchachos se iban del Hogar al cumplir los dieciocho, algunos sin terminar la escuela secundaria, pero ni siquiera los que terminaban secundaria podían asistir a la universidad. Conocía a varios muchachos que habían acabado muertos o en prisión antes de cumplir los veintiún años. El resto parecía desaparecer, a menudo trabajando en lugares que no ofrecían ninguna perspectiva para el futuro.

Recordaba haber mencionado la universidad en una de las habituales discusiones y charlas con los muchachos del Hogar. Los más grandes se rieron a carcajadas.

—Sí, seguro —dijo uno de ellos—. Aun cuando fuéramos inteligentes, y no lo somos, ¿de dónde conseguiríamos el dinero?

—Deja de soñar despierto —agregó otro—. Te quedarás en este mismo lugar hasta que te echen, y después andarás vagando por ahí como el resto de nosotros. No hay ninguna universidad en tu futuro. ¡Ni lo sueñes! Las universidades solo aceptan a los "chicos de bien", y nosotros no estamos en esa categoría.

Por un momento pensé responderles: «Tal vez yo tenga suerte», pero decidí callarme la boca. *Tienen razón*, pensé. *No soy inteligente, y Gigi no tiene suficiente dinero para pagar mis estudios. El dentista dijo que necesitaba ortodoncia, y Camisa Blanca le dijo que no había dinero para eso. Si no hay dinero para ortodoncia, seguramente no habrá tampoco dinero para la universidad.*

Además, si la universidad era solo para chicos de bien, no había dudas de que yo quedaba afuera.

Me habían abandonado en un orfanato, lo cual probaba que incluso el Dios de Nola pensaba que yo no era bueno.

El recuerdo de esa conversación se presentó vívido mientras caminaba con mi tío Warren por el campus de Guilford. No podía creer lo que estaba sucediendo.

Incluso el rector se mostró complacido de conocerme.

—Guilford se enorgullece de todos los jóvenes que egresaron de esta casa gracias al fondo de becas Mitchell. Valoramos mucho la generosidad de tu familia. Tú también tienes un lugar en Guilford, jovencito. Sé un buen estudiante para que al terminar la escuela secundaria puedas beneficiarte de la beca que estará esperando por ti.

Sin embargo, una vez finalizada la visita, la beca ya no parecía tan importante. Las preguntas de la noche anterior volvieron a agolparse en mi cabeza junto con mi resentimiento hacia la familia que parecía haberme rechazado.

Pasé todo el viaje de regreso a Atlanta y el vuelo a Chicago esforzándome por aplacar la rabia que sentía en mi interior y parecía a punto de estallar.

De regreso al Hogar, pedí una entrevista con mi nuevo consejero, un tipo llamado Marv.

—¿Qué rayos está pasando? —grité mientras entraba a su oficina como una tromba. Cerré la puerta de un golpe y comencé a caminar de un lado a otro frente a su escritorio.

Marv se quedó atónito. Me había visto frustrado, frío y distante, pero nunca me había visto así de furioso.

—¡No aguanto más esta vida de porquería! —grité, dando un puñetazo en su escritorio—. ¿Quién me está haciendo esto, eh? ¡Quiero saberlo! ¿Quién es el culpable?

—Debes calmarte, Robby —dijo Marv con tono sereno—. Por qué no te sientas para que podamos hablar.

—¡Estoy harto de hablar! No deseo sentarme. Quiero que alguien me dé una respuesta directa.

—¿Y cuál es la pregunta?

—¡No se haga el tonto! Quiero saber quién me está haciendo esto. ¡Deseo saber a quién tengo que odiar!

—¿Haciéndote qué cosa, Robby?

—Cerrándome la puerta de Atlanta o Carolina del Norte, ¿no se da cuenta? ¡Quiero saber! ¿Quién es? Vivo en este estúpido lugar desde que tengo tres años de edad. ¡Hace nueve años! Tengo familia en Atlanta y muchos parientes en Greensboro. ¡Toda la familia de mi padre! ¡No se puede creer! ¡Y no solo viven bien, no son solo clase media, son ricos, están forrados de dinero!

»Hay más de cuarenta familias en esa zona que podrían encargarse de mí, Marv. ¡Y cuando les pedí a algunos de ellos que me recibieran en su casa, no dijeron una palabra! ¡Ni una palabra! *¡Silencio absoluto!* Ni uno de ellos tuvo el coraje de decirme de frente: "No es posible, Robby. No puedes vivir con nosotros"».

El tono de mi voz seguía subiendo conforme mi rabia iba en aumento.

—¿Por qué, Marv? ¡No soy un niño terrible! No pedí nacer. No pedí que mi padre alcohólico me abandonara. ¡Y mucho menos pedí tener una madre psicótica! ¡Es por ellos que me castigan? ¿Por qué nadie quiere vivir conmigo? *¿Por qué no puedo pertenecer a una familia y tener un hogar propio?*

Desde lo más profundo, mi rabia estalló en un grito. Sin poder contenerme, disparé un puñetazo que atravesó el tabique de la oficina.

Marv se levantó de un salto. Se oyeron pasos apresurados por el pasillo y luego la puerta se abrió de golpe. Otro asistente social entró al cuarto:

—¿Algún problema, Marv?

—No, está bien.

El recién llegado me miró como fulminándome y yo lo observé de igual manera:

—No se preocupe —le dije—. No pienso matarlo a *él.*

El asistente social buscó la mirada de Marv, que asintió para tranquilizarlo. Finalmente, salió de la oficina.

—¡Cierre la puerta! —le grité.

—Siéntate, Robby. Por favor.

Agotada mi rabia, me dejé caer en la silla y clavé los ojos en el piso.

Marv permaneció unos minutos en silencio, pensando. Me di cuenta de que se parecía a Abraham Lincoln: alto, esbelto, con una barba bien recortada.

—Nos hemos debatido con esa misma pregunta, Robby. Seré sincero contigo, pero no creo que te guste mi respuesta —dijo por fin.

Aguardé, echando chispas por los ojos.

—Te ahorraré todo el palabrerío psicológico para ir al grano— continuó Marv—. La única respuesta es que Gigi no quiere separarse de ti. Si te mudas a Atlanta, no podrá verte con la misma frecuencia.

Se detuvo y esperó mi estallido.

Continué mirando el piso. Había pensado mucho sobre esto, de modo que apenas necesité un minuto para organizar mis ideas. Levanté la vista y le dije con voz calma:

—Entiendo su explicación, Marv, pero creo que está equivocado. Sé por qué piensa que esa es la razón, pero ya hablé con Gigi sobre esto.

—¿En serio? ¿Cuándo? —preguntó Marv sorprendido.

—Le pregunté este verano, al regresar de Atlanta.

—¿Qué le preguntaste?

—Le dije que los familiares de mi padre en Atlanta y Carolina del Norte tenían lo necesario para educarme: dinero y familias que podían recibirme. Sin embargo, estaba claro que no lo harían. Le conté que mis tíos Alice y Mack disfrutaban de mi compañía, y también tío Arnold y tía Annis. No obstante, ninguno pensaba invitarme a vivir con ellos. Mi tío Warren era muy amable, pero no creía que ninguno de los parientes de Carolina del Norte se interesara por mí. Gigi no decía nada, así que la tomé de la mano, la miré directo a los ojos, y le pregunté: "¿Me retienes aquí porque no quieres que me vaya lejos?".

—¿Qué te dijo?

Respiré hondo antes de continuar. Por una vez, para variar, era agradable tener el control de la conversación.

—Comenzó a llorar. Me abrazó fuerte y lloró largo rato. Después se secó las lágrimas, negó con la cabeza y me dijo: "No es eso, Robby. Ver cómo ha sido tu infancia me parte el corazón. No hay nada que yo no haría por darte una vida normal. Aun cuando eso significara verte solo una vez al año".

Hice una pausa y continué en un tono carente de emoción:

—Yo le creo a Gigi, Marv. Ella nunca me miente. Tal vez no siempre me ha contado todo lo que sabía, pero jamás me mintió.

Levanté los ojos. Marv asintió y yo continué:

—Gigi me dijo que lamentaba que el plan de Atlanta no hubiera resultado. Estaba segura de que no era por mí, pero no me explicó cuál era la razón. No sé si la sabe, pero no quiere decírmela, o si no encuentra cómo explicármelo. Sea como fuere, no creo que la causa sea Gigi. Y si no es Gigi, ¿quién es, Marv? ¿Y cuál es el motivo?

Permanecimos largo rato en silencio. Marv fue el primero en hablar:

—La verdad es que no tengo la menor idea, Robby. Soy absolutamente sincero contigo. Creí que era Gigi, pero ahora no sé. Me inclino por aceptar tu punto de vista, pero eso significa que no tengo una respuesta que darte.

»Si la posibilidad de Atlanta está definitivamente clausurada y no estás dispuesto a intentar con un hogar de acogida, tendremos que buscar la manera de ayudarte a superar esta última etapa, ya que faltan cinco años para que puedas valerte por ti mismo. ¿Nos dejarás ayudarte a dominar tu ira?

Me puse de pie.

—No estoy enojado con usted, Marv, ni con Gigi.

Me dirigí a la puerta, la abrí y me volví para mirar a Marv:

—Sin embargo, tampoco estoy dispuesto a que me ayuden a dominar mi enojo. En realidad, no quiero dominarlo. Lo que más deseo es desquitarme con alguien.

Mi tono era frío y cortante, pero en mi interior ardía de rabia.

Ingresos propios

¡Tengo que conseguir dinero!

Si el futuro estaba en mis propias manos, si mi familia no me llevaba con ellos y si Gigi no podía cubrir mis gastos, había llegado el momento de conseguir trabajo.

En agosto de 1967 solo tenía doce años, pero estaba dispuesto a ganar mi propio dinero y comprarme algunas cosas. Era tiempo de crecer y demostrarle a Gigi que podía ser un hombre.

La práctica habitual era que al finalizar la escuela secundaria debíamos abandonar el Hogar durante el mes de agosto. La despedida consistía en darle a cada uno que egresaba un saco deportivo nuevo, un boleto de ida al destino de su elección, un apretón de manos y un «¡Buena suerte, jovencito!». Ingresábamos al mundo adulto sin la seguridad que proporciona el dinero, el apoyo de una familia o una buena reputación.

Después de la visita a Guilford College, me di cuenta de que mi futuro dependía de mí. Si me esforzaba en el estudio y el trabajo y ahorraba dinero, podría aspirar a una vida mejor. Quizá podía incluso alcanzar el nivel de vida de mi familia en Atlanta, una vida acomodada en un mundo lleno de dinero y poder.

Mi abuelo Mitchell había disfrutado de una situación económica holgada y seis de sus hermanos eran millonarios, algo poco común en la década del sesenta. Esperaba que me contagiaran su buena fortuna.

En vida, mi abuelo fue un vendedor de primera clase en una fabrica de correas de cuero que hicieron funcionar millones de máquinas durante la Primera y la Segunda Guerra Mundial. Algunos de sus hermanos, (como quien dice) mis tíos abuelos, ya eran millonarios en esa época. Mi tío Bill hizo su fortuna mediante la venta de equipo y artículos para oficina en Washington, D.C. Mi tío Arnold era abogado, pero dejó de ejercer la abogacía y se dedicó a la venta de automóviles. Tom era el dueño de las concesionarias de Jeep y Buick en Atlanta. Howard vendía Cadillacs en Florida. Y Warren consolidó su fortuna en el negocio de los seguros. Cada verano, después de pasar las vacaciones con ellos, pensaba de qué manera podría llegar a ser rico yo también.

Fue así que un sábado muy caluroso, durante el verano antes de ingresar al octavo grado, salí a recorrer Princeton en busca de trabajo. No creía que alguien quisiera darme un empleo, pero al menos deseaba intentarlo.

En todos los comercios donde pregunté me respondieron con un rápido «¡No!». No estaba seguro de si era porque tenía doce años o no confiaban en los muchachos que vivíamos en el Hogar.

Al final de una tarde larga y desalentadora, me encontré en el aserradero próximo a las vías del tren. El dueño estaba apoyado contra una pila de tablones. Enderecé los hombros y caminando erguido me acerqué a él.

—Señor, quiero trabajar. No importa en lo que sea. Por favor, ¿me daría una oportunidad para demostrarle que puedo trabajar duro? Solo déme una oportunidad, señor.

Tenía el rostro curtido y los ojos algo hundidos. Primero me miró de arriba abajo, luego se mordió el labio inferior y me clavó la vista. Sostuve su mirada con confianza, consciente de que dos años de levantar pesas me hacían parecer de catorce años en vez de doce.

Quizá fue porque me mostré seguro. Quizá fue porque vio a un niño recién salido del cascarón que tenía el coraje de pedir trabajo. Por el motivo que fuera, lo cierto es que me dijo:

—De acuerdo. Regresa el próximo sábado. Te daré un trabajo realmente pesado. Si puedes hacerlo, tendrás el empleo.

Al sábado siguiente, no veía la hora de presentarme.

—¿Listo para trabajar, muchacho? —preguntó el dueño.

—Sí, señor —respondí.

Acababa de llegar un vagón con bolsas de cemento de cincuenta libras (unos veintitrés kilogramos) apiladas en palés de carga. Los empleados bajaban los palés del tren con el montacargas y los colocaban afuera del almacén.

—Quiero que descargues cada uno de los palés. Lleva las bolsas al almacén y apílalas ordenadamente —me instruyó el dueño. Luego se alejó silbando, no sin antes hacerles un guiño a dos hombres que estaban allí parados.

Cuando terminé, había movido cerca de dos toneladas y media de cemento. Sudaba por cada poro de mi cuerpo. Me dolían hasta los músculos de las orejas.

No obstante, me erguí lo mejor que pude y me aproximé hasta donde estaba el dueño. Por increíble que parezca, no llamó a una ambulancia cuando me vio de cerca.

—Terminé, señor —dije con voz temblorosa—. ¿Me dará empleo?

—Hijo, te has ganado de sobra el derecho a trabajar aquí.

En su rostro se dibujó una sonrisa tan amplia que borró la mitad de sus arrugas.

—Te espero el sábado alrededor de las siete.

El orfanato distaba apenas cinco cuadras del aserradero, pero no estaba seguro de poder recorrer esa distancia, ya que sentía que mis piernas flaqueaban. Reuní todo el coraje que me quedaba, guardé en mi bolsillo los dos dólares que había ganado, y enfilé erguido hacia el Hogar hasta perderme de vista. En cuanto pude, aflojé los hombros y con los brazos colgando a ambos lados del cuerpo avancé paso a paso de regreso.

Me parecía imposible subir las escaleras hasta el segundo piso, pero lo logré. Cuando me tumbé en la cama, casi lloraba de dolor.

Trabajé en ese aserradero todos los sábados durante dos años… a veinticinco centavos la hora. Además, cortaba el césped con la podadora del Hogar y pagaba la gasolina. Durante dos veranos trabajé cortando y embolsando las panojas del maíz para compañías forrajeras, las cuales las usaban para la germinación de nuevas semillas. Era un trabajo duro y había que soportar el calor y la picazón.

El enfardado de paja no resultó, ya que era alérgico y los ataques de estornudos casi me matan. Sin embargo, trabajé en un lavadero de automóviles y en invierno paleaba la nieve de las entradas de autos. A veces iba a clases con ropa de trabajo, nieve en el cabello y gotas de sudor congeladas en las cejas. Era difícil cumplir con todo, pero logré ganar dinero sin dejar la práctica de los deportes.

En esa época leí *Ascenso desde la esclavitud*, la autobiografía de Booker T. Washington, un esclavo que llegó a ser educador. De inmediato este hombre se convirtió en uno de mis héroes. Trabajar no es una deshonra, escribió este autor que aprendió a amar el trabajo no solo por el dinero que ganaba, sino por el trabajo mismo. Él descubrió que hacer algo que el mundo necesita nos da independencia y autosuficiencia. En mi caso, comenzaba a entender a qué se refería.

También trataba algunos temas relacionados con la Biblia, pero eso ya no me interesaba.

Ese año debí soportar las clases de confirmación en la iglesia local. Algunas cosas fueron interesantes, pero al finalizar el curso originé una pequeña conmoción al decir que no deseaba ser miembro de la iglesia.

Le pidieron a Nola que tratara de convencerme. Su propuesta fue amable y cordial, pero yo no estaba dispuesto a dejarme convencer.

—No puedo relacionarme con el Jesús que enseñan aquí —le dije a Nola—. Además, si Dios es tan bueno, ¿por qué sigo aquí?

Nola sabía cuándo debía dejar de insistir, y eso fue lo que hizo. Los líderes de la iglesia y el Hogar manifestaron abiertamente su descontento. Yo fui el único niño que se rehusó a unirse a la iglesia.

No me importó. Estaba ganando dinero, y el dinero representaría mi salvación.

Sabía que no podía guardar dinero en mi habitación en el Hogar, así que abrí una cuenta de ahorros en un banco. Parte del dinero provenía de regalos de mi familia, por ejemplo, billetes de diez o veinte dólares que mi tío Arnold enviaba cada tanto, y también los cien dólares que me regaló una Navidad. Cuando mis tíos Tom y Warren se enteraron de la generosidad de su hermano, decidieron seguir su ejemplo, de modo que un verano regresé a casa con la increíble suma de doscientos dólares.

La existencia de mi cuenta de ahorros era un secreto muy bien guardado. Algunos compañeros ya me miraban con recelo por tener una abuela que me quería, mejor ropa que ellos y vacaciones en Atlanta todos los años. No tenía sentido jactarme de tener ahorros y darles más motivos de envidia.

Trataba de ahorrar al menos la mitad de mis ganancias y lo que me regalaban. A medida que la cuenta crecía, también crecía mi confianza. Mi meta era ser independiente, y según parecía, el dinero era el medio para lograrlo.

Cuando salga de aquí, lograré sobrevivir, me prometí a mí mismo. *No acabaré en la calle como mi madre ni me pudriré en la cárcel como algunos vagos que salieron antes que yo.*

Mi objetivo no era solo tener dinero para gastar, acumularlo también era un juego. Así como para mis tíos el dinero era el indicador de cómo les iba en la vida, yo también quería ver cuánto dinero podía acumular en el banco antes de terminar la secundaria. Esperaba tener lo suficiente para mantenerme a flote hasta encontrar un buen empleo.

Cuando me sentía tentado a derrochar, me decía a mí mismo que necesitaba el dinero para no acabar en la cárcel. Eran contadas las historias sobre muchachos del Hogar a los que les había ido bien; solo conocíamos las historias que terminaban mal, y fueron muchas.

Mi plan era tener tres mil dólares en el banco al terminar la escuela secundaria.

Eso me permitirá cursar un par de años en una universidad estatal en Illinois, me decía, *o tener un Ford Mustang cero kilómetro. La idea de ir a Guilford podría frustrarse, y tampoco estoy seguro de querer ir a Carolina del Norte y vivir tan lejos de Gigi.*

Mis tíos abuelos siempre hablaban de invertir en acciones. Con el tiempo, tan pronto tuve ahorros suficientes, hice exactamente eso: compré acciones de dos empresas de Illinois cuyos productos disfrutaba, McDonald's y Playboy.

En el área de las finanzas, y también en otros aspectos, mis objetivos en la vida estaban comenzando a cambiar. En lugar de trabajar para tener cosas, quería tener dinero para vestir bien. En lugar de conformarme con aprobar los cursos, deseaba obtener buenas notas para poder ingresar a la universidad. En lugar de dejarme llevar hasta perderme en el vacío, quería convertirme en un hombre con futuro.

Tomé la decisión de no ser un vago ni un criminal como algunos de los muchachos del Hogar, prometiéndome que nadie me visitaría en la cárcel ni lloraría en mi funeral al llegar a los veintiún años.

Sin embargo, a pesar de mi determinación, no tenía idea de cómo lograrlo.

El reencuentro

EL AÑO QUE CURSABA OCTAVO grado, mi madre salió de la institución donde había estado internada.

Transcurría el año 1967 y en aquel momento la opinión médica era que las personas institucionalizadas podían vivir solas o en pequeños grupos. Los que luchaban por mejoras en el área de la salud mental pedían que se autorizara la salida de los pacientes. Elgin, el hospital psiquiátrico estatal, como muchas otras instituciones, permitió la salida de numerosas personas, entre ellas mi madre.

No nos habíamos visto en los últimos años, pero yo no la extrañaba para nada.

Como ese hecho me generaba algo de culpa, Marv, mi consejero, pensó que sería bueno que fuera a verla e hizo los arreglos necesarios para que Gigi me acompañara.

El día acordado tomé el tren a Chicago. Al día siguiente, fui al centro de la ciudad con Gigi. Nos encontramos con mi madre en un restaurante venido a menos, cerca de la casa de rehabilitación social donde ella se alojaba.

Gigi había tratado de prepararme para el encuentro:

—Te sorprenderás al ver el aspecto de tu madre —me había advertido.

Sorprender no reflejaba ni aproximadamente lo que sentí al verla. Me quedé paralizado cuando vi lo mal que estaba mi madre.

Siempre había sido delgada, pero ahora sus mejillas estaban hundidas como las de los prisioneros de guerra que había visto en fotografías. Tenía el cabello del color de la nieve sucia, y aunque hubiera intentado arreglárselo, no habría podido hacerlo, ya que tenía la cabeza cubierta de mechones imposibles de peinar.

Llevaba puesto un vestido celeste, descolorido, una reliquia de los años cincuenta, con mangas cortas y puños blancos, abotonado al medio, con la falda acampanada y un cinturón de plástico blanco. Calzaba zapatillas deportivas y medias cortas hasta el tobillo. Además de estar salpicado de manchas y ceniza de cigarrillo, el vestido parecía una bolsa de tan arrugado.

La impresión ya era bastante mala, pero lo que en realidad me impactó fue su mirada, la cual causó que se me hiciera un nudo en el estómago.

Estaba familiarizado con la mirada de las personas que habían perdido toda esperanza. El brillo se había ido. Muchas veces había visto esa mirada vacía en algunos niños que pasaban por el Hogar. Nola solía llamarla «la mirada desconsolada» que tenían niños como nosotros cuando contemplábamos el futuro y nos preguntábamos por qué no venía alguien a salvarnos.

Dos hermanos que vivían en el Hogar tenían esa mirada. Los padres y dos hermanas habían desaparecido, dejándolos solos en un apartamento. Ni la policía ni los asistentes sociales pudieron encontrar a quienes los habían abandonado.

Un niño al que había apodado «Rabbit» (Conejo) también tenía esa mirada. A la edad de diez años salvó a su hermanita de tres de morir estrangulada a manos de su madre, una mujer con un grave trastorno mental.

Veía esa mirada todas las mañanas al pararme frente al espejo.

Sin embargo, los ojos de mi madre impresionaban mucho más. No había nada detrás de sus ojos. Parecía no tener pensamientos ni sentimientos. Solo se percibía una gran oscuridad que se extendía hasta lo más hondo.

Tenía profundas ojeras, como si no hubiera dormido bien durante semanas. Parecía una zombi salida de una película de terror.

Yo no podía comprender el lugar donde se encontraba. Lo único que podía hacer era mirarla fijamente.

—¿Cómo marchan tus cosas, Robby? —preguntó Gigi para romper el silencio.

—Bien —balbuceé apenas.

—¿Y tú cómo estás, Joyce? —le preguntó a mi madre.

Esperamos. Sus palabras nos llegaron lentas y pesadas, como si temieran salir de su boca.

—Bi... en. Están tratando de... componerme... Debo dejar que... me ayuden...

Gigi se inclinó hacia delante para poder entender lo que decía. Yo la observaba.

—Las drogas... son... muy... fuertes...

Vamos, pensé impaciente. *Habla normalmente. Dilo de una vez.*

Gigi la alentó a continuar su relato.

—... para poder... controlar mi cerebro... y que no tenga pensamientos... tan... incoherentes.

Lentamente tomó una servilleta de papel y se secó la saliva de la comisura de los labios.

¡Basta, por favor, Gigi, vámonos de aquí!, rogué en silencio.

—Cuando mi cerebro... se acelera... —mi madre frunció el entrecejo mientras buscaba las palabras adecuadas— no puedo pensar... no puedo... conservar un empleo... ni hacerme cargo de mi vida.

Ahora tampoco puedes pensar. ¡Si no tomaras tantas píldoras tal vez podrías cuidarme como una verdadera madre!

—Las drogas me vuelven lenta... Antes de pararme... debo pensar que tengo que hacerlo.

Hizo una pausa en busca de las palabras para continuar.

—Estoy tan lenta que... hablo como si estuviera borracha.

¡Vaya, qué novedad!, pensé. *Antes nunca te había molestado.*

Se inclinó hacia delante para alcanzar el vaso de agua, al parecer sin mucha noción de la distancia. Finalmente, extendió las manos en cámara lenta. Necesitó sostenerlo con ambas manos para acercárselo a los labios, bebió unos sorbos, y lo dejó de nuevo sobre la mesa.

En total, no creo que tardara más de un minuto, pero me pareció una eternidad.

Gigi se comportaba como si todo estuviera en orden, mientras que yo quería huir y alejarme de allí tanto como fuera posible.

Esto no puede prolongarse mucho más, pensé. *Se ve exhausta.*

Sin embargo, logró recomponerse y comenzó a hablar de manera más normal.

—Robby, mi cabello es… un desastre. No sé si volverá a verse bien alguna vez. Fui tratada con electrochoques… varias veces.

Me sorprendió ver un dejo de tristeza en su rostro. No pensé que fuera capaz de sentir nada.

Respiró hondo y luego trató de explicar en qué consistía el tratamiento:

—Los médicos dicen que el cerebro se compone de millones de células que… transmiten nuestros pensamientos y sentimientos. No sé mucho más que eso —dijo encogiéndose de hombros.

¡Con eso me basta, es más de lo que necesito saber, así que vámonos!

Sin embargo, ella no había terminado.

—Algunos médicos creen que mi enfermedad… se debe a que mi cerebro no… funciona correctamente… como si hubiera un… —de nuevo frunció el ceño en busca de la palabra necesaria— corto circuito… que produce chisporroteos permanentes.

Hizo una pausa. Gigi y yo esperamos.

—Al menos eso es lo que entendí.

Otra respiración profunda, un suspiro, y la expresión en su rostro quedó en blanco una vez más.

—Como las sesiones de terapia y la medicación no daban resultado… probaron con el electrochoque.

De pronto, la vi sumergida en una oscuridad que yo jamás había conocido. Elevó el tono de voz:

—Te atan a una mesa. Sujetan tus brazos y muñecas con correas.

La expresión en su mirada pasó del vacío a la furia. Su respiración se volvió rápida y entrecortada, como si estuviera corriendo.

—¡Colocan correas alrededor de tus *tobillos* y el *pecho*, y *te meten algo en la boca para que no te muerdas la lengua!*

Soltó cada una de las palabras como si fueran balas dirigidas a quienes la habían torturado así.

Sentí náuseas. Mi madre hablaba en voz alta, pero no miré a nuestro alrededor para ver si la camarera había escuchado.

—Me colocaron una especie de casco conectado a un generador. Luego accionaron el interruptor para enviar una corriente eléctrica… a mi cerebro.

Su voz se fue apagando. Gigi y yo observamos horrorizados la expresión de pánico en el rostro de mi madre, cubierto de sudor.

De alguna manera, supe que estaba acabada. Alargué mi brazo y le sostuve la mano. Permanecimos en silencio hasta que ella se calmó.

No quería seguir hablando del tema, pero no pude evitar preguntarle:

—¿Te dolió mucho, mamá?

Volvió a secarse la comisura de los labios con la servilleta y en ese momento me di cuenta de que tenía un extremo de la boca torcido hacia abajo.

¿Qué le han hecho? ¿Cómo pudieron hacerle algo así?

No le solté la mano, y eso pareció darle fuerzas.

—¿Dolor? ¿Dolor físico? No, no creo, Robby. No recuerdo nada después de que me sujetaron a la mesa… Cuando desperté, algo no respondía en mí. Era como si… el cerebro solo me sirviera para saber que estaba viva, pero no tenía la capacidad de darle ninguna orden a mi cuerpo. En el hospital lo llamaban… «muerte consciente». Eso explica cómo me sentía.

Después de escucharla durante media hora, me sentía agotado, pero había algo que debía saber:

—¿Ahora estás mejor? ¿Te parece que te hizo bien?

Hubo una pausa prolongada. Por fin respondió:

—No sé, Robby… no lo sé.

Gigi decidió que era suficiente por un día.

—Robby, querido —dijo con un tono excesivamente jovial—, pídele la cuenta a la camarera para que tu madre pague el almuerzo y la acompañemos de regreso a su hogar.

Ese era un modo de alejarme de la mesa de manera que Gigi pudiera darle el dinero a mi madre. Para ellas era importante, así que les seguí el juego. No había razón para no hacerlo.

De regreso en el apartamento, Gigi me preguntó si quería hablar.

—No, no puedo hablar en este momento. Tal vez más tarde.

¿Hablar? No podía hablar; apenas podía pensar. Necesitaba tiempo para ordenar mis sentimientos. Sabía que las imágenes de esta visita quedarían para siempre grabadas en mi memoria.

El sentimiento predominante hacia mi madre había sido el odio, pero ese día solo me sentí enfermo. De pronto me di cuenta de que quizá no era dueña de sus actos. Era obvio que tenía que pelear por su supervivencia… todos los días, a cada hora, minuto a minuto.

Se me revolvió el estómago. Comencé a debatirme entre la compasión y el enojo que abrigaba desde largo tiempo atrás, pero el enojo resultó ser más fuerte. Mi madre había arruinado la vida de Gigi y contribuido a la ruina de mi padre. De todos modos, a mis trece años de edad, pensaba que nada de eso era comparable a lo que había hecho conmigo.

En los meses siguientes, no lograba resolver mi conflicto interior. La compasión por mi madre peleaba por ocupar un lugar en mi corazón, y parecía que la furia del león tendría que convivir con la compasión del cordero.

Al poco tiempo, mi madre resolvió la disyuntiva.

En Princeton, la graduación de los alumnos de secundaria era todo un acontecimiento. La ceremonia revestía tanta importancia que dos familiares de Gigi, Art y Fran, viajaron desde Rockford en la primavera de 1968. Llegaron junto con Gigi, contando con tiempo suficiente para darnos apretones de mano y besos antes de comenzar el acto.

Sentado allí, en el escenario, con un traje de segunda mano y corbata, me sentía tan orgulloso como un pavo real. No obstante, de pronto una voz familiar se dejó oír desde el fondo del auditorio.

—¡Oye, Robby! ¡Robby!

Era mi madre, que estando ebria intentaba avanzar hacia el escenario. Gigi se levantó de inmediato, la detuvo en el pasillo y la condujo hacia el fondo del salón.

¡No puedo creerlo! ¿Qué está haciendo aquí? ¿Cómo puede hacerme algo así?

La odio… La odio… ¡La odio!

Cuando me llamaron para entregarme el diploma, en lugar de caminar con la cabeza en alto, avancé con los hombros caídos, mirando al piso y esperando contra toda esperanza que mi madre no volviera a avergonzarme. Sin embargo, en el momento en que recibí el preciado certificado, oí su voz en medio del silencio:

—¡Bien, Robby! —gritó—. ¡Bravo!

La gente se movió en sus asientos y unas risas incómodas recorrieron el auditorio. Hubiera querido que me tragara la tierra.

Una vez finalizado el acto, mi único deseo era desaparecer. Ninguno de mis compañeros ni sus padres vinieron a felicitarme.

Gigi, Art, Fran y yo anduvimos dando vueltas afuera del salón, mientras mi madre no se despegaba de mí. Su aliento olía tan fuerte a alcohol que me provocaba náuseas. Quería gritarle y golpearla en la cara.

Lo que más deseaba era que se callara la boca y desapareciera para siempre de mi vida.

Aquel día, el león de mi furia interior despedazó al cordero de la compasión.

Algunos hombres buenos

—¡QUIERO QUE ESA MUJER SALGA de *mi vida*! —grité en la siguiente sesión de consejería.

Marv juntó sus pobladas cejas mientras le hacía frente a mi estallido.

—Arruinó mi graduación. Desde el día en que nací no ha hecho otra cosa que lastimarme. ¡La odio, la odio, la odio!

—Pero, Robby… —comenzó a decir Marv.

De ninguna manera iba a escuchar sus argumentos archiconocidos.

—¡Se acabó! —vociferé—. No quiero verla nunca más. ¡Nunca más!

Marv, un hombre afable y de buen corazón, dejó que gritara y me desahogara sin interrumpirme. Por fin, me permitió irme de la sesión.

Después de aquel estallido, el personal del sector de los mayores debió temer que me lastimara o lastimara a otros, porque a los pocos días me quitaron el juego de química, aumentaron el número de sesiones con mi consejero y prohibieron el ingreso de mi madre al Hogar. Nadie volvió a mencionar algún viaje a Chicago para ir a verla, y yo me alegré de que fuera así.

De pequeño, las visitas semanales de Gigi contribuían a tranquilizarme, no obstante, ahora ella tenía setenta y cuatro años y no le resultaba fácil venir a verme. Cada dos o tres meses, una persona del Hogar me acompañaba a Chicago a visitarla, pero la extrañaba más de lo imaginable. Sus visitas habían alimentado mis reservas de amor y afecto, evitando que me descarrilara, sin embargo, ahora mis reservas estaban casi agotadas y no había quien las reabasteciera.

Seis meses después de lo ocurrido durante la graduación, Gigi me pidió que la acompañara a visitar a mi madre a la casa de rehabilitación. Fui porque ella me lo pidió, pero no sentí nada al ver a mi madre. Ella no era nadie para mí. Se había convertido en otro adulto más de mi pasado.

Nadie pareció notarlo, pero yo seguía adelante con mi vida. En mi futuro no había lugar para mi madre.

Todo parecía indicar que, a excepción de Gigi, tampoco habría lugar para el resto de mi familia.

En esta etapa necesitaba de un modo muy especial una figura paterna, pero mi padre jamás podría cumplir ese papel. Afortunadamente, otros hombres estuvieron presentes y se preocuparon por ser una buena influencia en mi vida.

* * *

Jim era un hombre de pocas palabras al que no le gustaba conversar.

Fue supervisor del sector de los niños mayores cuando yo cursaba octavo y noveno grado. No llegaba al metro ochenta (seis pies) de estatura, pero era increíblemente fornido debido a sus años de trabajo en las minas de plata de Nevada. Él me inició en el levantamiento de pesas.

En mi caso, levantar pesas no era solo una actividad deportiva, sino una manera de descargar energía, y Jim parecía entenderlo muy bien.

También se preocupó por canalizar mi ira de manera positiva a través de otras actividades, me enseñó el código Morse y me ayudó a convertirme en radioaficionado. Él y un vecino de la localidad me mostraron cómo construir mi propio equipo de transmisión.

Mi autoestima se elevó muchísimo al comprobar que el equipo de radio armado por mí realmente funcionaba. Y me sentí orgulloso cuando los otros operadores me trataban como a un igual.

Usando el código de identificación WN9UHJ, llevaba un registro de mis comunicaciones, llegando a intercambiar postales con radioaficionados de todo el mundo. Nadie sabía quién era ni desde dónde transmitía.

Pude ser yo mismo. Era sensacional haber encontrado un espacio en el que no era «uno de los muchachos del Hogar».

* * *

Por dos años, Swaney fue el supervisor suplente durante los fines de semana, los días libres y el período de vacaciones. Era un notable artesano en madera y tenía el temperamento tranquilo y sociable de un *golden retriever*, de modo que era difícil importunarlo u hostigarlo.

Con una figura que nos recordaba un bolo del boliche y su cabello rubio rojizo que comenzaba a ralear, Swaney siempre tenía una sonrisa y una broma para nosotros. Incluso a los más endurecidos de los chicos nos conmovió saber que se había casado con Ana, su esposa, sabiendo que ella tenía cáncer. Solo alcanzaron a vivir un par de años juntos, pero él la cuidó cada día de su vida.

Swaney era un hombre audaz y se atrevió a llevar a siete de nosotros en una excursión de una semana en canoa por el alto Minnessota. Recorrimos el parque natural Boundary Waters, remamos en los lagos, cargamos las canoas y el equipo del campamento por tierra, bebimos agua de manantiales incontaminados y acampamos por las noches en las islas. Luchamos con los feroces peces *muskie* de agua dulce, los atrapamos, limpiamos y cocinamos. Nos vimos rodeados de un enjambre de tábanos, los cuales nos hicieron sangrar por las terribles picaduras, mucho peores que las del mosquito. Nadamos y después nos arrancamos las sanguijuelas que se habían adherido a nuestro cuerpo.

Swaney estaba en minoría frente a nuestro grupo de revoltosos. Imagino que la aventura de seis días debió ser una tremenda exigencia en términos de paciencia y habilidad.

No obstante, su influencia fue más allá de sus conocimientos sobre la vida al aire libre. Cierto día me llevó aparte y con total libertad me habló de sexo.

—Dios creó el sexo como un acto de amor para bendecir a los matrimonios que se aman. Debemos considerarlo un regalo de Dios que solo debe usarse después que el hombre y la mujer se hayan casado.

Esto era una novedad para mí. En el Hogar, los muchachos mayores solo veían a las chicas como una posible «conquista», una idea que estaba reforzada por la lectura de revistas y novelas pornográficas. En realidad, la pornografía había sido mi principal material de lectura desde sexto grado, cuando me mudé al sector de los mayores.

En aquel momento, en plena efervescencia adolescente, no me preocupaba mucho por las pautas morales, así que el argumento de Swaney no me convenció. Dudé mucho que alguna vez llegara a aceptar su punto de vista.

Sin embargo, sentía un gran respeto por él. Y no pude evitar contagiarme de su amor por los parques naturales.

* * *

Bob era asistente social, supervisor suplente, conservacionista, experto en tiro con arco y cazador.

Llevaba el cabello bien corto y era delgado, sin un gramo de grasa, como los soldados de los cuerpos especiales del ejército. Aunque técnicamente no era mi consejero, hizo más de lo que debía por mí, brindándome su propio tiempo.

Cuando cursaba la secundaria, Bob me enseñó a manejar un rifle, cargarlo y apuntar. Fuimos a cazar conejos, ardillas y ciervos, y luego me mostró cómo quitarles la piel, limpiarlos y preparar la carne.

También me enseñó a reconocer la hora por la altura del sol, avanzar silenciosamente por el bosque, y orientarme sin necesidad de una brújula. Aprendí a disfrutar de muchas horas de tranquilidad en el campo y el bosque. El silencio y el olor de la naturaleza eran un alimento para el alma.

No obstante, la lección más grande que Bob me dio fue durante la ocasión en que nos llevó a tres adolescentes a cazar alces cerca del río Iron, al norte de Michigan.

Llevábamos días recorriendo la zona sin ver un solo alce. El último día de nuestra excursión, temprano en la mañana, seguimos un sendero angosto en medio de la espesura del bosque. De pronto, Bob giró a la izquierda, tensó el arco y permaneció inmóvil.

Un enorme alce macho con una magnífica cornamenta se hallaba parado en un claro. Apenas podía respirar por la emoción.

Los machos suelen andar solos, pero este estaba acompañado de dos hembras y varias crías. Sabíamos que si huía a toda velocidad, podía ponerse a salvo en la espesura, pero entonces las hembras y las crías serían presa fácil.

El alce se mantuvo en su lugar, levantó la cabeza lentamente con elegancia y nos miró como diciendo: «Tendrán que derribarme a mí primero, y así el resto de la familia podrá escapar».

Nosotros tres apuntamos nuestros rifles a las hembras y les quitamos el seguro. Durante unos momentos que parecieron eternos, esperamos la señal de Bob. Nos había dado instrucciones precisas de no disparar hasta que él hubiera lanzado la primera flecha.

Sin embargo, no había ninguna señal de movimiento. *¿Qué está esperando?*, pensé.

Finalmente, Bob aflojó la cuerda y bajó el arco. Un poco confundidos, volvimos a poner los seguros y bajamos los rifles. El macho movió la cola, y esa fue la señal para que las hembras y las crías huyeran hacia el bosque. Luego, él mismo dio la vuelta y se perdió en la espesura con porte majestuoso.

Bob no dijo una palabra al pasar a nuestro lado y retomar el largo sendero que nos llevaría hasta el automóvil. Poco después nos detuvimos para comer algo, y fue entonces que nos explicó lo sucedido.

—Vinimos a cazar alces, ¿verdad?

Los tres asentimos.

—Logramos nuestro objetivo —continuó—. Hallamos un alce. En realidad, hallamos una pieza trofeo. No importa si esa cabeza trofeo está o no colgada de una pared. Siempre sabremos que si hubiésemos disparado, lo matábamos sin ninguna duda.

Hizo una pausa, y agregó algo que ya le había oído decir en otras ocasiones:

—No hay por qué dispararles a todos.

Aguardó un momento, dándonos tiempo para digerir lo que había dicho, y añadió:

—Lo que salvó a ese alce fue su enorme coraje y capacidad de sacrificio. Podría haber huido y quizá se hubiese salvado, pero eligió ser el blanco de los cazadores para salvar al resto.

—¿No les parece increíble? —dijo uno de los muchachos—. Es lo más impresionante que vi en mi vida.

—Es un magnífico ejemplo del mensaje bíblico: «No hay amor más grande que el dar la vida por los amigos» —concluyó Bob. Luego recogió el arco y reemprendimos la marcha.

Regresamos sin el trofeo, pero el recuerdo de esa experiencia habría de acompañarnos para siempre.

Aquella noche, pensé en esa clase de amor que Bob había mencionado. Salvo Gigi, no se me ocurría ninguna persona que amara a alguien lo suficiente para dar su vida por él o ella, mucho menos si se trataba de mí.

* * *

Por último, estaba Marv.

Era el trabajador social a cargo de mi caso, pero progresivamente se convirtió en algo más… algo que no podía definir con palabras y que, de todos modos, no estaba dispuesto a admitir.

Con nuestro habitual sarcasmo adolescente, lo apodamos «Arvey Dog» inspirados en el personaje del dibujo animado «Underdog», un perro que siempre acudía en ayuda de otros de manera muy torpe. Por supuesto, Marv era mucho más inteligente de lo que nosotros estábamos dispuestos a reconocer.

Con paciencia y valentía, Marv me enseñó a conducir su Plymouth, un vehículo muy particular en el que los cambios se hacían oprimiendo un botón. También mostró valor al ayudarme a atravesar el tormentoso tiempo de la adolescencia.

La tarea más difícil de Marv fue lidiar con el tema que me había obsesionado por años.

Después de haberme preguntado qué habría hecho para que mis padres decidieran no ocuparse de mí, llegué a la angustiosa conclusión de que el problema estaba en ellos. Sin embargo, continuaba pendiente la inquietud por mi destino, una pregunta que finalmente le planteé a Marv durante una de nuestras sesiones.

—¿Mi destino será volverme loco como mi madre y mi padre?

No era una pregunta frívola. Por mucho que deseaba salir adelante y vivir una vida normal, no tenía esperanza real en mi futuro.

—¿Llevo en los genes ser igual que mis padres? —le pregunté a Marv en más de una ocasión—. ¿Y si mi cerebro comienza a fallar como el de mi madre? ¿Debo estar preparado para que eso me pase? ¿Acabaré viviendo en la calle, los hospitales psiquiátricos y las casas de rehabilitación?

Marv dedicó mucho tiempo y esfuerzo a convencerme de que mi vida no tenía que imitar la de mis padres, ni sus acciones y reacciones. Ni siquiera cambió de opinión cuando agregué el ingrediente de la chifladura de mi abuela Pauline, y siguió insistiendo en que mi futuro podía ser muy diferente a mi pasado.

—No estás condenado a ser como tus padres ni como Pauline, Robby —me aseguró—. Sin embargo, debes aprender a manejarte en la vida y a dominar tu frustración y tu enojo. Deja ya de pensar en lo malo que podría sucederte y aguarda confiado todo lo que el futuro te depara. Tienes una muy buena vida por delante, pero solo si decides aceptarla.

Era algo muy difícil de creer. El futuro no estaba al alcance de mi mano y no me atrevía a tener esperanzas. Cada esperanza que había abrigado desde niño se había frustrado. No tenía ninguna prueba de que Marv estuviera en lo cierto.

Un día le pregunté:

—¿Cómo se puede tener esperanza en lo que no se ve?

Marv suspiró, luego intentó una estrategia diferente.

—De acuerdo, Robby. Digamos que tienes razón, ¿qué pasaría? ¿Qué sucedería si *realmente* estás condenado a ser como tus padres? ¿Qué harías en ese caso?

Se echó hacia atrás en la silla, tal vez pensando que lo inesperado de su planteamiento me dejaría callado.

A nadie se le había ocurrido preguntármelo antes, pero yo tenía la respuesta. Lo miré directo a los ojos y le dije con voz serena:

—Me curaría para que ningún hijo mío tuviera jamás que vivir lo que yo viví.

Marv, atónito, no pudo responder. Fin de la sesión.

[15]

El rebelde

EN EL OTOÑO DE 1968, ingresé al ciclo superior de la escuela secundaria, por lo tanto, era un novato, pero andaba por los pasillos con una actitud mezcla de «No me importa nada» y «No te metas conmigo».

El sistema de castas de la escuela anterior me había dejado tan resentido que me separé incluso de aquellos compañeros que me agradaban. No importaba cuánto nos esforzáramos, los que vivíamos en el Hogar, los «huerfanitos», no lográbamos ser aceptados en los círculos sociales prestigiosos.

En octavo grado me gustaba una compañera que no aceptó ser mi novia porque a su padre no le agradaban los muchachos del Hogar. Así que decidí que no valía la pena. Ni en sueños estaba dispuesto a suplicar que me aceptaran.

Me fastidiaban los comentarios despectivos o las miradas de soslayo en el pasillo o la cafetería, pero reprimía el enojo y seguía de largo sin prestarles atención a los que me ofendían. *No me importan estos engreídos,* me decía. *Son tontos, crueles e insignificantes. No pueden lastimarme si yo no lo permito. ¡Y no lo permitiré!*

El aislamiento calmaba el dolor del rechazo, pero no atemperaba mi rabia. Mi actitud desafiante era una invitación a pelear; me daba la excusa para estallar y lastimar al que pensara que podía burlarse de mí.

El deporte resultó una buena válvula de escape para tantos sentimientos y energía hormonal acumulados. Las carreras a campo traviesa, las carreras en pista y el baloncesto me ayudaban a liberar la tensión. Además, por fin me sentía parte de algo; aunque no fuera más que un engranaje de una pequeña máquina, me hacía sentir bien.

Después de correr los mil quinientos metros en menos de cinco minutos, clasifiqué para la competencia distrital. Eso fue muy gratificante hasta que Mouth, un estudiante de los últimos años muy delgado y revoltoso, junto con su compañero fornido y callado que siempre lo secundaba, me arrinconaron en el vestuario el día antes del campeonato de primavera.

—¡Oye, superhéroe! —gritó Mouth empujándome contra el casillero—. No me importa lo que marque el cronómetro. No eres tan bueno como para estar en este equipo. Te crees una estrella, pero no estás ni cerca de serlo. Es hora de que alguien te obligue a dejar esa actitud provocadora.

Me di cuenta de que ese alguien sería él, así que le clavé la mirada con intención de disuadirlo.

—Te aplicaremos una «panza roja» para que aprendas—anunció socarronamente, a la vez que trató de sujetarme y darme vuelta.

Debía hacer todo lo que estuviera a mi alcance para evitar ese castigo. Sabía por experiencia que consistía en recibir palmadas en el abdomen, tan fuertes que dejaban en la piel marcas alargadas, rojas e hinchadas. El dolor era como el de una quemadura.

Luché hasta que Goon, el segundo de Mouth, sostuvo mis brazos y llevándolos hacia atrás los inmovilizó contra mi espalda. En el momento en que Mouth me levantaba la camisa, lancé una patada hacia atrás y Goon se tambaleó contra los casilleros a su espalda. Apoyándome en él a modo de palanca, levanté ambas piernas y pateé a Mouth en el pecho. Fue a dar contra una fila de casilleros, abollándolos y quedándose sin aire.

Conseguí derribar a Goon y le caí encima. Le lancé patadas a Mouth mientras con mi cabeza hacía que la cabeza de Goon golpeara contra el suelo, pero él no me soltó. Finalmente, Mouth se sentó sobre mis piernas y me inmovilizó.

Superado en número y tamaño, perdí la batalla. Recibí la peor «panza roja» de toda mi vida. Me dolió durante varios días.

A pesar de la derrota, sentí cierta satisfacción cuando oí por casualidad que Mouth se quejaba del dolor en las costillas y vi a Goon tomar aspirinas para un dolor de cabeza que le duró una semana. Se corrió la voz de que *para ir contra Mitchell se necesitan por lo menos tres*.

Estos chicos de bien de la ciudad no entendían que a mí no podían atropellarme como a cualquier otro muchacho. Durante años había vivido con abusadores peores que ellos. Mi mensaje era clarísimo: *Si alguien me da el más mínimo motivo para lastimarlo, no lo pensaré dos veces.*

Mouth nunca pudo reunir a tres o más estudiantes de los últimos años para rematar el trabajo que él y Goon habían comenzado. Al poco tiempo, quedé rodeado de una aureola que yo mismo me había fabricado y acabó por ahuyentar incluso a los buenos compañeros.

La práctica de deportes, a la vez que funcionaba como una válvula de escape, también me generaba cierta angustia.

Cuando competíamos fuera de la ciudad o teníamos campeonatos de atletismo, regresábamos tarde a la escuela, a veces después de las once de la noche. Muchos padres estaban allí esperando a sus hijos para llevarlos a casa. Otros muchachos tenían su propio automóvil y llevaban a sus amigos. Nosotros, «los huerfanitos del Hogar», no pertenecíamos a ninguno de estos grupos, así que nos íbamos de prisa para no quedar en evidencia, pues nadie nos esperaba.

John Smith, el entrenador de baloncesto de segundo año, era un tipo muy agradable con excepcional puntería en los tiros de larga distancia. Tenerme en el equipo significó bastante trabajo para él. Era lo suficiente bueno para estar en el equipo titular o quedarme en el banco como primer suplente, pero mi actitud agresiva y arrogante no encajaba con su estilo de juego caballeresco.

Otra desventaja era que muchos de los padres de los jugadores no simpatizaban conmigo. En una comunidad rural conservadora como Princeton, mi corte de cabello siguiendo la moda «rebelde» de los sesenta no era bien visto. Varios me llamaban «hippie melenudo y pendenciero» en la cara. No solo no querían que fuera titular, sino que más bien deseaban verme fuera del equipo.

Mi respuesta fue dejarme crecer el cabello hasta los hombros como Pistol Pete Maravich, mi ídolo en el baloncesto y alguien muy poco convencional. Como era previsible, eso los enojó más todavía.

Disfrutaba fastidiando a toda esa gente que no me permitía salir con sus hijas ni tampoco accedía a que sus hijos fueran mis amigos.

—¡Al banco hasta que se corte el cabello! —gritaba alguien en medio del juego.

—Que entre uno de los *buenos* en ese puesto —pedía alguien al otro lado de la cancha.

Al finalizar un partido, un hombre se me acercó con un billete de un dólar en la mano.

—Toma muchacho. Aquí tienes para un corte de cabello —dijo entre burlón y despectivo.

Mirándolo directo a los ojos, le respondí:

—Puede darme el dólar si lo desea, señor, pero no pienso cortarme el cabello.

Guardó el billete en el bolsillo y se alejó enfadado.

Tampoco contaba con el apoyo de algunos compañeros del equipo. De los titulares, dos eran amables y simplemente me pedían que no fuera tan «calentón». Los otros dos me detestaban, y debo aclarar que el sentimiento era mutuo. No me querían en el equipo, y sus padres se encargaban de divulgarlo a los cuatro vientos.

A pesar de que intentaba mostrarme duro, la burla y la desaprobación me dolía, principalmente de parte de las porristas.

Por lo general, al comienzo del partido, le dedicaban el primer cántico al entrenador: «¡Hurra! ¡Por John, ra, ra, ra!». Luego las chicas iban agregando uno a uno el nombre de los titulares. Sin embargo, en los tres partidos en que fui titular, la porrista que tendría que haber gritado mi nombre lo sustituyó por el del jugador que ella creía que *debía* ser titular.

—¿Por qué no gritas: "Por Robby, ra, ra, ra"? —le pregunté la tercera vez que lo hizo.

—Tú ni siquiera deberías *jugar*, mucho menos ser *titular* —respondió con brusquedad alejándose.

A pesar de los abucheos, permanecí en el equipo. No obstante, en segundo año, cuando integré el seleccionado de la escuela durante el otoño de 1970, lo que debió ser motivo de orgullo se volvió una pesadilla.

Mouth, el que me había dado una paliza en el vestuario, ahora era alumno del último año. Seguía odiándome y se aseguraba de que los demás también lo hicieran.

Los enfrentamientos entre el entrenador del seleccionado y yo eran permanentes. Ingresé al equipo por mi habilidad como jugador, pero mi actitud le molestaba y se había propuesto doblegarme. Con frecuencia me ordenaba hacer el doble de los ejercicios que hacían los otros muchachos. Las cosas empeoraron hasta el extremo de que algunos jugadores no toleraban ver la manera en que me trataba.

Sin duda, mi actitud no era la adecuada, pero era obvio que el entrenador se había propuesto hacerme la vida imposible para que renunciara.

El único que en verdad me comprendía era Paul, un compañero del Hogar. Paul había ingresado al sector de los niños menores cuando tenía ocho años y yo nueve.

Él integraba el equipo de fútbol y el de lucha libre, y en otoño e invierno, después de la práctica, solíamos recorrer juntos el camino de regreso al Hogar.

—El entrenador te maltrata —decía Paul durante nuestra caminata—. ¿Por qué no dejas el equipo? No tienes por qué soportar toda esa basura.

—Sí, ya sé —era mi respuesta—. Pero de ninguna manera le daré el gusto de dar mi brazo a torcer. Le demostraré que no soy de los que se dan por vencidos. Soy capaz de resistir esta situación tanto como él.

El frío se hacía sentir durante la caminata nocturna de regreso al Hogar. Mientras caminábamos por la calle Euclid y observábamos las casas de madera de dos pisos, a veces echaba un vistazo a través de los ventanales y distinguía a una familia de verdad alrededor de la mesa, sonriendo y disfrutando de la cena. Ellos sabían que allí eran aceptados, que ese era el lugar al que pertenecían.

En ese momento era evidente que yo jamás disfrutaría de eso que ellos tenían.

Una mala racha

Durante mi tercer año de secundaria, la época de las fiestas de Navidad, como siempre, tuvo un sabor agridulce.

La música navideña y el árbol adornado alegraban el salón comedor, mientras que los programas especiales en la televisión, las actuaciones escolares y las actividades de la iglesia local, adonde el personal nos llevaba a rastras, nos aseguraban un cambio de rutina. Si embargo, todas estas cosas parecían anunciar a viva voz: *familia, familia, familia y alegría, alegría, alegría.*

Aunque disfrutábamos del entretenimiento, después solíamos pasar largas noches luchando en la oscuridad contra la soledad.

En diciembre recibíamos la visita de varios grupos de las iglesias. Montaban representaciones, cantaban villancicos, y hasta jugaban baloncesto con los más grandes en el gimnasio.

Nos gustaba ganarle los partidos a la gente del pueblo y aceptábamos con gusto los regalos. No obstante, la mayoría de los de más edad hubiéramos querido preguntarles:

—¿Y dónde están el resto del año? Durante once meses nos sentimos marginados, pero resulta que ahora, de pronto, somos especiales. ¿No les parece que podrían turnarse y venir a visitarnos aunque fuera una vez por mes a lo largo del año?

No formulé la pregunta en voz alta. Solo me faltaba un año y medio para graduarme e ingresar al mundo real, de modo que este asunto ya no me preocupaba. Además, recordaba que cuando estaba en el grupo de los pequeños, las visitas de Navidad eran una fiesta, de modo que no quería arruinar el festejo de los más pequeños que necesitaban la atención de los adultos.

Los regalos también eran parte de la Navidad. Sin embargo, ahora que tenía algo de dinero y podía comprarle a Gigi un lindo regalo, no me sentía completamente libre de hacerlo. Mientras que mis recursos económicos habían aumentado, los suyos habían disminuido. Durante las fiestas su presupuesto se resentía porque no solo debía comprar el regalo que ella me daba, sino también el que supuestamente me enviaba mi madre.

Era consciente de que Gigi se hubiera sentido incómoda si le obsequiaba algo más costoso que lo que ella me regalaba a mí, así que le compraba un pañuelo con puntilla o un perfume económico en una tienda de oportunidades. Se mostraba eufórica con el regalo, como si eso fuera exactamente lo que esperaba de Papá Noel.

En cualquier caso, era agradable poder disponer de una reserva de mi propio dinero, ganado con mucho esfuerzo. Algunos de mis compañeros no tenían un solo centavo a su nombre y no podían comprar ni la más pequeña baratija para las personas que amaban. Confrontarse con su pobreza en Navidad tenía un efecto negativo en su autoestima, ya bastante debilitada.

Cuando los niños del Hogar decían que querían hacer un regalo, siempre se referían a su madre o abuela. Nuestros padres eran una figura inexistente para la mayoría de nosotros, y los pocos que conocimos eran realmente patéticos.

No le di dinero para comprar regalos a ninguno de los más pequeños. Si lo hubiera hecho, treinta niños habrían extendido sus manos hacia mí de inmediato. Como no podía satisfacer las necesidades de todos, decidí no hacerlo con ninguno.

Los consejeros hacían su mejor esfuerzo para que ninguno de nosotros pasara Nochebuena ni la mañana de Navidad en el Hogar. Cuando agotaban todas las posibilidades, aun con los parientes lejanos del niño, hablaban con las familias de la zona para que los invitaran. En mi opinión, los niños hubieran estado mejor en el Hogar, acompañándose unos a otros, en lugar de sentirse como intrusos en la celebración de una familia que no era la suya. Yo pasaba las fiestas con Gigi, lo cual me ayudaba a sobrellevar una época del año que solía ser difícil para los niños y adolescentes como nosotros.

Otro adulto comenzó a ejercer su influencia en mi vida. Dave llegó al Hogar recién salido de la universidad, vestido con camisa blanca y una corbata de estilo tradicional. Él declamaba teorías aprendidas entre cuatro paredes sobre cómo ayudar a los pobres delincuentes juveniles como nosotros.

Ya había visto pasar por el Hogar a otros como Dave. Algunos preparaban una maestría en servicio social y nosotros éramos parte de su proyecto de campo. Muchos se limitaban a cumplir con una obligación, mientras que otros estaban allí como una manera de evitar ser reclutados para pelear en Vietnam.

La mayoría de ellos provenían de hogares bien constituidos y nunca habían experimentado las necesidades económicas, físicas ni afectivas que padecíamos nosotros. No estaban en lo absoluto preparados para enfrentar nuestra hostilidad. A pesar de tener las mejores intenciones de ayudarnos, en muy poco tiempo los hacíamos papilla, y luego celebrábamos la sensación de poder que nos daba verlos partir.

Un nuevo camisa blanca, dije riéndome por lo bajo al ver a Dave. *¡Qué paseo le daremos! No tiene ninguna posibilidad de salvarse.*

Dave era más bajo que muchos de los muchachos de nuestro sector. Medía alrededor de un metro setenta y cinco centímetros y pesaba unos sesenta y cinco kilogramos, además usaba unos lentes que siempre parecían estar a punto de caérsele.

Pensamos que no tenía la más mínima noción de nada, de modo que algunos apostamos a que podíamos hacer que se fuera en un tiempo récord. La mayoría apostó a que se iría antes de cumplir un mes.

Motivados por el dinero del pozo, lo maltratamos verbalmente con toda saña. Al final de la primera semana, estaba desconcertado y confundido. Los cursos de servicio social de la universidad no lo habían preparado para manejar la ira y la falta de respeto que descargábamos sobre él.

Estoy seguro de que hubiera querido gritar: «¿Pero qué les pasa? ¡Quiero ayudarlos! ¡Denme un respiro!». Sin embargo, no había «respiro» en nuestro territorio. No solo nos mostrábamos desagradecidos, éramos decididamente perversos.

De algún modo, Dave resistió. Al cabo de algunas semanas notamos un cambio. Sin duda estaba decidido a superar nuestro maltrato. Quizá sintió una suerte de fascinación ante nuestra situación; algo similar a lo que las personas experimentan frente a un accidente automovilístico: se horrorizan, pero no pueden dejar de mirar.

No obstante, lo más probable es que sencillamente se haya plantado firme y fijado una meta. Se le veía decidido a tratar de comprendernos. Teníamos nuestra propia cultura, y él era un extraño que trataba de encajar.

Los que apostamos a que podríamos echar a Dave en un mes o antes perdimos nuestro dinero. Dave se quedó y nos demostró de forma sincera y cabal que se interesaba de verdad por nosotros. A regañadientes debimos reconocer que se había ganado nuestro respeto, demostrándome que no todos los adultos eran un fiasco.

Sin embargo, a pesar de la influencia de Dave, mi situación se complicó. Una vez finalizada la temporada de baloncesto, tenía demasiado tiempo libre. No había nada que me ayudara a ahuyentar las sombras de la noche.

Las actividades de la iglesia no contribuían en ese sentido. Era obligatoria la asistencia a los cultos los domingos por la mañana y al grupo de jóvenes por la tarde, pero esto no tuvo ningún efecto positivo en mí. La mayor parte del tiempo me dedicaba a buscar la oportunidad de besarme con alguna muchacha en un rincón oscuro o a pasarme de listo frente a los adultos para molestarlos y hacerlos sentir mal.

En poco tiempo me encontré deslizándome hacia el camino de las conductas antisociales. Incursioné en el alcohol y la marihuana. Nunca compré «porros», pero tenía un compañero que los conseguía y fumábamos juntos siempre que podíamos.

Si no hubiese tenido tanto miedo de que me atraparan, probablemente hubiera llegado más lejos en el consumo de drogas. Las veinticuatro horas que pasé en el Hogar Audy de Chicago a los ocho años de edad fueron una pesadilla que no quería revivir jamás.

Probar las drogas era en parte un acto de rebeldía, pero también un intento de mitigar brevemente mi angustia y mi dolor, cada vez más hondos. Como tantos otros muchachos que conocía, me estaba dejando guiar por el siguiente razonamiento: *Sufro y no encuentro alivio a mi sufrimiento. Si debo soportar esta clase de angustia, otras personas también tendrán que sufrir.*

No quería cruzar esa barrera, pero sentía que estaba perdiendo la batalla.

Al finalizar el tercer año de la escuela secundaria, mi vida corría sin rumbo por un desfiladero de honda desesperanza. Ya nada valía la pena.

Las paredes de ese desfiladero me impedían ver esa esperanza que nunca me había abandonado… y un plan para mi vida que yo jamás hubiera imaginado.

El salvavidas

El verano previo a mi último año de secundaria tuve por fin buenas noticias. Logré que me contrataran como instructor de natación y salvavidas en Covenant Harbor, un campamento de la iglesia a orillas del lago Geneva, en Wisconsin.

Ya conocía el lugar porque los niños del Hogar pasábamos una semana allí todos los veranos. Nos enseñaban a nadar y recibíamos clases sobre la Biblia. Las clases no me habían ayudado gran cosa, pero la natación me había preparado para este trabajo de temporada. Mis idas a la piscina de Princeton y la experiencia de canotaje con Swaney y mis compañeros también habían contribuido a mi entrenamiento.

Ahora me tocaba el turno de ser instructor y salvavidas de otros niños.

¡Genial!, pensé. *Pasaré todo el verano lejos del Hogar, libre para perseguir a las muchachas.*

La palabra *entusiasmado* no describe ni de cerca mi estado de ánimo al conocer la propuesta. Bob, el cazador, nos había dicho que las hembras de ciertas especies despiden un olor particular cuando están listas para atraer al macho. No sabía si entre los humanos ocurría algo similar, pero sí me daba cuenta de que algunas muchachas, cuando estaban lejos de sus padres, daban señales de que les interesaba vivir algún tipo de romance, y yo siempre andaba a la caza de las que emitían tales señales.

El personal del campamento no estaba acostumbrado a tratar con alguien tan tosco como yo. No me enviaron de regreso al Hogar, pero tampoco toleraron mis groserías.

—Aquí no usamos esa clase de lenguaje —me advirtieron las compañeras del equipo de trabajo.

—Nos gusta divertirnos, Robby, pero no nos gustan las bromas de tono subido.

El mensaje era claro: si cruzas la línea, te meterás en problemas. Eso me molestó, porque implicaba ciertas limitaciones para mis planes durante ese verano.

A pesar de ese inconveniente, disfruté el trabajo con los niños. Cada domingo llegaba un nuevo grupo de alrededor de cien chicos que se distribuían en cabañas de ocho niños y un líder. Según la semana, recibíamos niños en edad escolar, preadolescentes de séptimo y octavo grado, y adolescentes de los últimos años de secundaria.

Durante el día, el programa incluía expresión plástica, manualidades y deportes. Mi horario como salvavidas e instructor de natación, canotaje y navegación a vela comenzaba temprano en la mañana y se extendía hasta la media tarde.

La actividad también era variada en el horario vespertino. Los estudios bíblicos, las charlas y el canto grupal mantenían ocupados a los campistas. Comencé a sentirme incómodo, pues la mayoría de los líderes que trabajaban allí eran personas tranquilas, felices, llenas de esperanza… características totalmente ajenas a mi mundo.

Los consejeros eran jóvenes universitarios entusiasmados con «el crecimiento espiritual» y tenían grandes expectativas con respecto a su futuro. Constituían un ejemplo vivo y elocuente de todo lo que yo no era. Su visión positiva de la vida resultaba atractiva, pero prefería ignorarlos escudándome detrás de una actitud defensiva y arrogante.

Claro que tienen expectativas para su vida, murmuraba. *No tienen razón para no tenerlas. Ninguno vive en un orfanato ni tiene padres con trastornos mentales.*

Si acaso pude tener algún interés en explorar las cuestiones espirituales, este se esfumó en el instante en que apareció una muchacha rubia, hija de un pastor, que venía a trabajar como voluntaria por una

semana. Los ojos se me salieron de las órbitas, el corazón latió acelera-
damente y mis hormonas entraron en alerta máxima.

Algunas mujeres del personal se dieron cuenta de que estaba al
acecho.

—Es un tenorio —le advirtieron—. No confíes en él.

Una noche varias de ellas me rodearon.

—Escucha bien, «machito» —me amenazó una de las líderes, sa-
cudiendo el dedo índice delante de mi nariz—. Un solo paso en falso
y eres hombre muerto.

¡Como si eso fuera a detenerme! Mi objetivo estaría aquí solo durante una semana. Ya la tenía en la mira, y la cacería había comenzado.

A pesar de las advertencias, la muchacha no me evitó. Aunque no
me había dado ninguna señal de querer «ligar», estaba convencido de
que sería una presa fácil.

Sin embargo, después de estar un rato con ella me di cuenta de
que me había equivocado. A pesar de lo que le habían dicho, no se
sentía incómoda en mi compañía. Tenía cualidades que no había visto
en otra persona. Me maravillaba la paz que irradiaba, y era obvio que
no se sentía amenazada porque estaba segura de sí misma.

Es extraño, pensé. Cualquier otra muchacha sensata sabría que mis
intenciones no eran loables. ¿Por qué no me rechazaba?

Nos besamos un par de veces, pero me descubrí sin deseos de llegar más lejos. Nunca antes me había importado la reputación de una
muchacha, ni tampoco la mía. Su inocencia alteró mis planes.

El día antes de su partida, anduvimos en canoa por el lago y conversamos. En un momento, dijo:

—Cuéntame sobre tu relación con Jesús.

Intenté dar una respuesta vaga, pero en seguida me detuve. No
quería mentirle.

—No tengo una relación con Jesús —reconocí—. No creo en
Jesús. Dios y la vida me abandonaron a mi suerte para que me las
arreglara como mejor pudiera.

Me imaginé que se mostraría sorprendida y decepcionada, pero
no fue así. Pensé que adoptaría una actitud distante y me pediría que
regresáramos a la orilla, pero tampoco lo hizo. Por el contrario, escuchó con calma mientras le contaba con cautela algo sobre mi infancia.

Cuando terminé, me dijo con voz pausada:

—Tal vez, si dejas que Dios entre en tu vida, encontrarás la paz que ahora no tienes.

—Para ti es fácil —objeté—. Tienes padres que cuidan de ti. Comparada con lo que yo tuve que soportar, tu vida ha sido un paseo.

—Dios se interesa por todas las personas, no importa lo que les pase —respondió—. Sé que tu vida fue muy difícil, pero tenemos la promesa de tener algo mejor si confiamos en él.

—Sí, claro —dije con voz apenas audible mientras hacía girar la canoa para volver a la orilla.

Al día siguiente, la despedida me dejó triste. Quería pasar más tiempo con ella y seguir experimentando esa sensación de paz que transmitía.

Durante varias semanas sus palabras rondaron mi cabeza. *¿Sería cierto? ¿Realmente Dios se interesaba por personas como yo?* La evidencia de la que disponía no parecía respaldar esta idea.

¿Habrá algo que no entiendo?, me preguntaba. Sin duda ella tenía una paz que yo no conocía. Lo mismo percibía en el resto del personal del campamento. *Pero todos ellos pertenecen a un mundo diferente. Yo no soy lo suficiente bueno para entrar en ese mundo.*

Recordé algo que ella me había explicado:

—Dios perdonó a Moisés, David y Pablo, aunque cada uno de ellos había matado a alguien. Dios perdona a todos los que piden sinceramente su perdón, sin importar lo que hayan hecho.

Si Dios fue capaz de perdonar a esos hombres, tal vez me perdone todas las cosas malas que hice, pensé. *Al menos, aún no he matado a nadie.*

Seguí pensando y cuestionándome con relación a estos temas durante el resto del verano, aunque no lo comenté con el personal del campamento. Debía recorrer mi propio camino. No quería sentirme apabullado por el entusiasmo de alguien decidido a «salvarme».

Al regresar al Hogar, en el otoño de 1971, me encontré con la sorpresa de que mi habitación había sido dividida en dos habitaciones privadas más pequeñas. Como estudiante del último año, por fin tenía una habitación propia, con escritorio y todos los cajones para mí.

Me llevaría un tiempo acostumbrarme al silencio y la privacidad, pero sin duda los necesitaría.

[18]

Dios, ¿realmente existes?

Durante años, el personal del Hogar nos había llevado a la Escuela Dominical y a otras actividades de la iglesia en Princeton. Nola nos leía historias de la Biblia y orábamos antes de cada comida. Sin embargo, nada de esto me había parecido importante.

Para mí era como escuchar otra aburrida clase de historia o un montón de cuentos que no tenían nada que ver con mi vida. Lo único que me interesaba eran las actividades de los adolescentes y tratar de hacer reír a las muchachas durante el servicio.

No obstante, después de conocer a una muchacha de mi edad que hablaba y se comportaba de la manera en que a mí me hubiera gustado hacerlo, pensé que tal vez era hora de hacer una lectura seria de algunos de los «capítulos de Jesús» que ella había mencionado. Gracias a la privacidad que ahora disfrutaba en mi habitación, podía sacar la Biblia del último cajón donde la había guardado y leerla sin tener que defenderme ni preocuparme por hacer caso omiso a los comentarios sarcásticos de mis compañeros de cuarto.

A medida que leía, varias cosas me llamaron la atención.

Este hombre tuvo hambre, sufrió sed y sintió cansancio. Incluso se ensució los pies. Nunca había pensado en ello.

Lo defraudaron aquellos en los que confiaba. Me sentí identificado.

Luego leí un versículo que me impactó. *Este hombre decía que él era Dios.*

¡Había que tener valor para hacer eso! No se limitó a decir que comprendía a Dios o era uno de sus hijos. Afirmaba que él era Dios.

Al parecer esa afirmación molestó tanto a los líderes religiosos de su tiempo que idearon un plan para matarlo. Yo había vivido situaciones terribles, pero al menos nadie había contratado a un tercero para matarme.

Cuando Dave, el «camisa blanca» que todavía trabajaba en el Hogar, supo de mi nuevo interés, me prestó el libro *Cristianismo... ¡y nada más!*, de C. S. Lewis.

—El autor fue un intelectual brillante y un ateo hasta el momento de su conversión —me explicó Dave—. Te gustará la lógica que aplica para analizar el cristianismo.

Descubrí que, después de mucho reflexionar e investigar, Lewis planteó que la persona inteligente que buscaba a Dios llegaba a una de estas tres conclusiones: Jesús era un loco, Jesús mintió acerca de ser Dios, o bien Jesús era en verdad quien dijo ser.

Según parecía, igual que Lewis, yo también debía tomar una decisión. No había término medio. O estaba con Jesús o en contra de él.

Este hombre dijo que él era Dios. Si es verdad, más vale que le preste atención. Si no lo es, entonces todo lo que dijo no es más que insensateces de un loco de remate como mi madre.

Sabía que no tenía ningún sentido intentar aprender algo de alguien que está loco.

Retomé la Biblia y seguí leyendo.

Me sorprendí al ver que Jesús se había enojado. El enojo era un sentimiento que conocía muy bien, pero el enojo de Jesús no era como el mío.

A los dos nos enojaba la hipocresía; eso me gustó. Se sintió frustrado con alguna gente; igual que yo. No obstante, su frustración no se debía a lo que le hacían, sino al hecho de que la gente ni siquiera estaba dispuesta a considerar el plan que Dios tenía para ellos.

No estaba seguro de que hubiera un proyecto celestial para mí. Sin embargo, debía reconocer que si había un Creador del universo, lo más sensato era averiguar si tenía un plan, y en caso afirmativo, seguirlo.

Vi que Jesús solía hablar de la vida eterna. Aunque mi preocupación era si aún estaría vivo después de los veinte, no pude evitar preguntarme: *Si voy a vivir más años, tal vez por la eternidad, ¿habrá esperanza para mí si cambio?*

Jesús dijo que el Espíritu de Dios podía entrar en mi corazón y ayudarme a cambiar. *¿Cómo es posible que el Espíritu de Dios entre en mi cuerpo, en mi corazón? ¿Cómo puedo creer en algo que no puedo ver ni tocar?*

Durante varios días seguí pensando en este argumento. Luego comencé a entender. Yo mismo tenía un cuerpo compuesto de tres partes que no podía ver: el intelecto, las emociones y la voluntad. El intelecto me decía que podía ir a la universidad, pues era lo suficiente inteligente; las emociones indicaban que un muchacho del orfanato no merecía ir a la universidad; no obstante, mi voluntad se resistía y afirmaba que asistiría a la universidad, triunfaría y superaría lo que había conocido en mi niñez.

Si el intelecto, las emociones y la voluntad, que no puedo ver ni tocar, pero que son absolutamente reales, conviven dentro de mí, entonces es posible que quizá —quizá, en condicional— también el Espíritu de Dios viva en mi interior.

No era sencillo de entender. Las diferentes ideas se agolpaban en mi mente y chocaban unas con otras. Necesitaba el consejo sabio de alguien que me ayudara a ordenar mi pensamiento.

Dave me ayudó a salir del embrollo. Me dejaba divagar sin interrumpirme para predicarme ni enseñarme. Me escuchaba y en ocasiones me planteaba una pregunta para ayudarme a pensar. Por momentos parecía que mi cabeza iba a estallar de tanta reflexión.

Continué leyendo y descubrí que Jesús había dicho que los ladrones vienen a robar, matar y destruir, mientras que él había venido para que tengamos vida «abundante». El robo, la muerte y la destrucción me resultaban familiares. Yo sentía que me habían quitado y destruido toda posibilidad de una niñez normal, y que hacía mucho tiempo que habían matado cualquier esperanza de tener un futuro normal.

Sin embargo, ¿qué era lo que Jesús me ofrecía, a mí y a otras personas resentidas y enojadas? ¿La esperanza de tener hoy una vida mejor? Sonaba descabellado.

Mis perspectivas no eran promisorias. En menos de un año, el personal del Hogar me despediría con sus mejores deseos y un boleto de ida a un destino de mi elección. Eso sería todo.

La idea de depender solo de mí mismo sin contar con un sostén familiar o económico me asustaba bastante. Existía la posibilidad de ir a la universidad, pero no lo consideraba garantía absoluta de una buena vida. Mi padre y mi madre habían estudiado en la universidad y su vida había sido un desastre.

La única certeza que tenía era que debía evitar a toda costa caer en el círculo de fracasos y frustraciones en el que había visto caer a otros muchachos del Hogar. Deseaba creer que era posible elevarme por encima de una niñez fuera de los parámetros de la normalidad. *¿Podía este Jesús cambiar las cosas?*

Cuando me encontraba con los textos sobre la curación de los paralíticos, los ciegos y los sordos, por lo general los pasaba por alto. *Esto no tiene nada que ver conmigo*, pensaba. *¡Soy un atleta! Practico tres deportes.* No obstante, un día Dave me hizo ver estos textos desde otra perspectiva.

—¿No crees que tal vez la vida te paralizó emocionalmente, Robby? ¿No serás como esas personas obstinadas que describe la Biblia? ¿Será posible que tu orgullo te vuelva ciego a las promesas de Dios? ¿Y que tu miedo a confiar en otra persona te vuelva sordo a lo que decían tus compañeros en el campamento sobre cómo Jesús les cambió la vida?

Le pedí que me diera tiempo para pensar en estas preguntas tan difíciles e incómodas.

Sin duda, los líderes del campamento eran diferentes, lo reconocía. *Quizá debí haberlos escuchado en lugar de descartar sus opiniones porque habían tenido una infancia feliz.*

En la siguiente sesión, le dije a Dave que todavía no tenía la respuesta.

—¿Sobre qué otras cosas tendría que reflexionar? —le pregunté.

—Dime, Robby, ¿cómo explicas la experiencia de los hombres más cercanos a Jesús, que más tarde lo vieron morir en la cruz? Ellos enterraron su cuerpo y luego afirmaron que lo habían visto resucitar, tal como lo había prometido. Con el tiempo, casi todos sufrieron tortura y muerte por dar testimonio de la resurrección de Jesús a todo el que quisiera oírlos.

—No sé si mintieron o no —dije, encogiéndome de hombros—. Pero estoy seguro de que no podría encontrar once como yo dispuestos a ser torturados y dejarse matar simplemente para demostrar que podían engañar al mundo.

Dave asintió.

—¿Leíste sobre todas esas personas, más de quinientas, que afirmaron haberlo visto resucitado? No eran amigos ni discípulos; eran gente común. Con todo, lo que vieron, oyeron y sintieron en su interior en realidad los transformó.

Al ver que no respondía, me dio un tiempo para procesar lo que había escuchado.

—No abandones la búsqueda, Robby. Todos enfrentamos esta decisión en algún momento de nuestra vida, y se trata de una decisión personal.

En nuestro siguiente encuentro le comenté a Dave:

—Sé que si un hijo desobedece a su padre, debe disculparse y pedir perdón. También sé que dije e hice cosas que están mal, según la Biblia. Sin embargo, no entiendo por qué debo pedirle perdón a Dios, que nunca me defendió ni ayudó a mis padres.

Dave pensó un momento antes de responder.

—¿Consideraste la posibilidad de que tus padres endurecieran su corazón y quizá su orgullo les impidiera volverse a Dios en busca de ayuda? ¿Será posible que también tu orgullo y tu enojo hayan endurecido tu corazón? Te lastimaron tantas veces que ahora tienes miedo de confiar.

Luego me hizo una pregunta dolorosa:

—¿No será que esa imagen tan negativa de tu padre biológico te impide aceptar a Dios como un Padre espiritual?

Algo pugnaba por abrir las puertas cerradas de mi corazón. Todo esto me provocaba inseguridad. Luchaba por mantener las puertas cerradas, de modo que le dije a Dave que necesitaba tiempo para pensar.

Las palabras de Dave rondaron mi mente durante varios días. Finalmente, me di cuenta de que todo se reducía a una pregunta: *¿Qué decisión iba a tomar con respecto a Jesús? ¿Iba a rechazarlo por considerarlo un loco como mi madre, o me arriesgaría una vez más a tener esperanza y aceptar que él era quien afirmaba ser?*

Una tarde de septiembre de 1971, a los diecisiete años de edad, tomé la decisión. En un cuarto pequeño, tan pequeño que no podía mover la cama de lugar, me puse de rodillas y oré.

Jesús, si eres real, ven a esta pesadilla que es mi vida. Perdona mis pecados y transfórmame.

Si verdaderamente me transformas, me entregaré a ti para siempre.

Si no lo haces, eres un impostor y un farsante.

No fue precisamente la clase de oración que el evangelista Billy Graham hubiera sugerido.

No escuché coros angelicales, ni rodé por el piso presa de una experiencia de éxtasis espiritual.

Sin embargo, de alguna manera supe que en ese momento, a pesar de mi fe débil, el Dios del universo había llegado a lo profundo de mi corazón y algo en mí había cambiado.

Por primera vez en muchos años tenía grandes expectativas en cuanto a lo que habría de venir.

[19]

Un nuevo comienzo

Si así era el nuevo comienzo, no estaba seguro de que me agradara.

Por un lado, las peleas seguían siendo un problema. Según la ley del más fuerte que regía en el sector de los mayores, el más grande y más fornido era el mandamás. Por ser estudiante del último año y el más fuerte entre mis pares, ninguno en su sano juicio debería haber buscado pelea conmigo, pero algunos de los «internos» no estaban en su sano juicio.

Cada cierto tiempo, alguno de ellos me ponía a prueba. Entonces en lugar de golpearlo, le hacía cosquillas hasta que gritaba: «Me rindo». Al menos así no lo dejaba dolorido durante una o dos semanas.

Por desgracia, eso no funcionaba con otro muchacho. Era fuerte y estaba bastante resentido, de modo que me provocaba constantemente, ya que quería ocupar el primer lugar.

Un día nos enfrascamos en una discusión que fue subiendo de tono, con gritos cada vez más fuertes. Estábamos uno frente al otro, y me di cuenta de que él estaba deseando que yo diera el primer golpe, porque de ese modo no le podrían echar la culpa de lo que ocurriera.

Por mi parte, deseaba darle una lección. Mi «antiguo» yo se moría de ganas de callarlo de un puñetazo. Uno de los dos acabaría mal, como en aquella famosa pelea entre Ralph y Jack en *El señor de las moscas*, cuando se disputan el liderazgo en la isla.

Sin embargo, de pronto recordé las palabras de Jesús: «Si alguien te da una bofetada en la mejilla derecha, vuélvele también la otra». Así que me descubrí girando sobre mis talones y alejándome del lugar. Entré bruscamente a mi cuarto y di un portazo, molesto porque no había dejado a mi enemigo con la nariz ensangrentada. Tomé la Biblia y la arrojé al otro lado de la habitación.

¡Acabo de perder una oportunidad de golpear a ese imbécil y demostrarle quién manda! ¿Soy un tonto por no romperle la cara? ¡Necesito una respuesta ahora mismo! ¡Dime algo!

La Biblia aterrizó sobre mi cama, abierta y al revés. *¿Al revés? Me pregunto si esa será la respuesta.* Esperaba encontrar algún pasaje con escenas de ira y violencia, que dijera algo como: «Ahora ve y mata a mil personas y que su sangre tiña los campos».

Le di la vuelta al libro y leí el versículo: «La respuesta amable calma el enojo».

No era lo que deseaba oír.

En el pasado me habían golpeado, derrotado y avergonzado, pero muy rara vez me habían humillado. Leer este antiquísimo proverbio sobre la sabiduría de ser amable y tener dominio propio fue una experiencia de humildad.

Mi enojo comenzó a desvanecerse. *Quizá todo esto no es historia polvorienta del pasado. Quizá tiene aplicación práctica hoy, incluso para alguien como yo.*

Supuse que arrojar la Biblia y gritarle a Dios no era una buena idea, pero este proverbio no había aparecido por casualidad. Al parecer Dios se preocupaba por mí y me había enviado un mensaje.

Nuestra relación se fortaleció ese día. Comencé a creer que el Creador del universo en verdad me conocía y quería mostrarme un camino mejor si se lo permitía.

También enfrentaba un nuevo comienzo en otra área de mi vida. A principios de la primavera de 1972, Guilford College me aceptó como estudiante en el semestre que comenzaba en otoño.

Gigi y yo habíamos hablado sobre esta posibilidad en otras ocasiones. Esta vez, la sorprendí cuando le dije:

—Sería más sencillo y sin dudas mucho más económico ir a la universidad en Chicago con los compañeros del campamento de la iglesia.

Me escuchó mientras le enumeraba todos los argumentos en contra de estudiar en Carolina del Norte.

—La beca solo cubre los gastos académicos. Tendré que pagar el alojamiento y la comida, los materiales, la transportación y el resto de los gastos. El subsidio que recibo del Seguro Social por la enfermedad de mi padre sumado a mis inversiones en acciones cubrirán algo de todo esto, pero aun así tendré que trabajar al menos veinte horas semanales y economizar mucho para cubrir todo el presupuesto. Y estaré muy lejos de ti, Gigi.

Entonces el sorprendido fui yo.

—Robby, quiero que vayas a Guilford al menos por un año —dijo con voz firme—. Hazlo por mí. Si al cabo de un año no te agrada, buscaremos la manera de que vayas a la universidad aquí en Illinois.

Me tomó por sorpresa. Gigi nunca me había pedido que hiciera algo grande, ni que lo hiciera por ella. ¿Cómo podía negarme?

Mi abuela tenía razón. La distancia no afectaría nuestra relación. A los setenta y ocho años ya no podía viajar a Princeton, pero hablábamos con regularidad por teléfono y la visitaba en Chicago cada dos o tres meses. En ocasiones, el viaje servía para compartir un incómodo almuerzo con mi madre, el cual aceptaba tener una o dos veces al año a instancias de Gigi. Siempre le informaba que mi madre estaba bien, aunque no era cierto. Si iba a Guilford, el único cambio sería un aumento del gasto en viajes y llamadas de larga distancia.

Aunque me disgustaba irme tan lejos y quería estar con mis nuevos amigos de la iglesia y el campamento, finalmente debí reconocer que era una tontería no aceptar la beca.

A partir de aquel momento, cuando alguien me preguntaba qué pensaba hacer después de graduarme, alardeaba diciendo:

—Iré a la universidad en Carolina del Norte.

Ante esa misma pregunta, la mayoría de los estudiantes de último año del Hogar, al menos los que yo conocía, se encogían de hombros y respondían: «No sé».

Poder decirles que iba a ingresar a la universidad sin duda aumentó mi ego. No obstante, de pronto me di cuenta de que no era tiempo de hablar, sino de crecer y madurar. En pocos meses estaría solo por completo, sin nadie en quien apoyarme. A pesar de mi aparente rudeza, la idea me asustaba.

Volví a leer el libro *Up from Slavery* [Ascenso desde la esclavitud] de Booker T. Washington en busca de estímulo. Una de las frases del autor decía: «Un joven negro se inicia en la vida con todas las presunciones en su contra».

En cierta medida, me identificaba con esa afirmación. Me había sentido aislado no a causa de mi color, sino de mi situación social y económica. Estaba a punto de entrar a un mundo adulto en el que muchas personas como yo eran menospreciadas. ¿Qué sucedería si los demás estudiantes descubrían que me había criado en un orfanato?

Tal vez mi portafolio en el mercado de valores me diera alguna ventaja. Confiaba en que así sería. Era evidente que carecía del roce social que la mayoría de los niños adquieren en la convivencia familiar. Me ayudó recordar que Booker T. se había criado en una cabaña sin baño interior y dormía sobre el piso de tierra. Sabía muy poco sobre costumbres y modales cuando ingresó al Instituto Normal y Agrario Hampton, ahora convertido en la Universidad Hampton.

Al igual que Booker T., yo luchaba por superar una infancia muy difícil. Él había ganado la batalla… y yo quería seguir sus pasos.

También leí que una de las disciplinas espirituales de Booker T. consistía en leer dos capítulos de la Biblia por día, además de un capítulo de Proverbios. Este autor había encontrado el libro de Proverbios extremadamente útil en el desempeño de sus diferentes funciones como hombre de negocios, esposo y padre. Dado que lo consideraba mucho más inteligente que yo, decidí adoptar su mismo plan.

Mientras seguía buscando dirección para mi futuro, recibí consejo de una fuente inesperada.

Sucedió una hermosa tarde de primavera, poco después de mi graduación. Estaba trabajando en el jardín con Tony Martin, el encargado de la huerta y de toda clase de reparaciones en el Hogar. Era un hombre de pocas palabras. Sabía muy poco sobre él, pero recordaba que había dejado la escuela en tercer grado para ayudar a su familia durante la Gran Depresión.

Aquella tarde, Tony dejó el rastrillo de repente. El sudor cubría su frente curtida. Me miró fijo y dijo:

—Robby, quiero decirte algo.

Lo observé sorprendido. En los catorce años que había vivido en el Hogar, Tony nunca se había detenido a hablarme de manera especial.

—Hace mucho tiempo que trabajo aquí, Robby, de modo que he visto pasar a cientos de muchachos. Tú eres el primero que considero con posibilidades de llegar a ser un médico, un abogado u otro profesional con una carrera. Así que deseo pedirte que cuando llegues, no te olvides de las personas como yo.

Mis ojos se agrandaron, no solo por la sorpresa de que Tony, el viejo hosco, me hubiera hablado directamente a mí, sino porque nadie lo había hecho de esa manera.

Con absoluta convicción, le dije:

—Tony, recordaré esta conversación y trataré sinceramente de no olvidarme jamás de las personas que están en tu situación.

—No te olvides de las personas como yo —repitió, y dando la vuelta, volvió a rastrillar en silencio.

Entendí exactamente lo que quiso indicar. Esa fue su manera de afirmar que toda persona es valiosa. Fue su manera de decir que también la gente que ocupa los escalafones más bajos en orden de «importancia» tiene sentimientos, esperanzas, sueños y necesidades.

Él vio un potencial en mí cuando yo solo esperaba poder sobrevivir. Y me recordó que no debía olvidar cómo se sentía la persona que era rechazada por la sociedad.

Te entiendo, pensé. *Prometo que jamás olvidaré lo que significa ser considerado una persona sin valor.*

Estos pensamientos eran una señal de que una transformación lenta se desarrollaba en mi corazón. No obstante, todavía albergaba sentimientos antisociales, de rebeldía… y eso me acarreaba problemas.

En una época en la que muchos adultos en los Estados Unidos pensaban que los jóvenes con barba pertenecían a ciertos grupos de protesta contra la guerra, eran hippies, drogadictos o inadaptados, me dejé crecer la barba. Como era rubio, las patillas no se notaban mucho, pero los directores del Hogar me llamaron la atención con bastante dureza.

Se acercaba la fecha de la ceremonia de graduación y cinco de los estudiantes del último año continuábamos usando barba. Cuatro de ellos, que eran del pueblo, comenzaron a recibir críticas de sus padres y compañeros. Unos días antes de la graduación, me llamaron aparte y me dijeron:

—Mitchell, ¿por qué no nos afeitamos? Hagámoslo los cinco de común acuerdo.

—Ustedes decidan qué van a hacer —les dije—, pero yo no pienso afeitarme. No hay razón para que lo hagamos.

Ellos cuatro se afeitaron. Yo no lo hice.

Avancé por el pasillo con la cabeza en alto a recibir mi diploma. Sentí una extraña satisfacción al reconocer las miradas de descontento de varios padres.

Hacía más de cien años que no se graduaba un estudiante con barba en la secundaria de Princeton. Si alguien me hubiese preguntado por qué decidí ser el primero, probablemente habría respondido:

—No me interesa la opinión de los adultos ni de mis compañeros. En un par de semanas toda esta gente habrá desaparecido de mi vida y mi futuro.

Lo cierto es que en mi interior se libraba una batalla. Durante este episodio en particular, mi antiguo yo, enojado y resentido, había triunfado. El nuevo yo se encontraba aún luchando.

Llegó el último verano de esta etapa de mi vida y regresé al campamento de la iglesia. Todo de algún modo me parecía diferente. No se trataba de que ahora fuera perfecto, pero ya no era un «muchacho salvaje» tampoco. Los que me habían conocido el año anterior se alegraron al ver el cambio. Dándose cuenta de que mi nueva vida recién comenzaba, fueron comprensivos y pasaron por alto las aristas sin pulir de mi personalidad.

Al final del verano, fui a Chicago un par de días a visitar a Gigi. Ninguno de nosotros sabía dónde estaba mi madre, algo que a mí me tenía sin cuidado.

La despedida no fue muy emotiva, pues sabíamos que hablaríamos con regularidad y la visitaría varias veces al año. Al abrazarnos, me hizo una advertencia y una promesa:

—Continúo teniendo el firme propósito de vivir lo suficiente para ver tu graduación y tu boda, Robby.

—¡Te tomo la palabra, Gigi! —respondí, y ambos reímos.

Al regresar a Princeton después de haber estado ausente durante todo el verano, tuve la impresión de que ya me había ido del Hogar. El día antes de mi partida me despedí del personal y muchos compañeros.

Por último, aunque en mis afectos ocupaba uno de los primeros lugares, me despedí de Nola.

Alguien cuidó a su grupo de pequeños para que pudiéramos tener una larga conversación. Siempre afectuosa, pero sin caer en el sentimentalismo ni el melodrama, Nola recordó que a su llegada al Hogar para ella no era más que un pequeño que saltaba y brincaba como un cachorro juguetón. También recordó los esfuerzos del personal a fin de preservar mi salud emocional y cómo me habían escuchado llorar casi toda una noche en segundo grado cuando perdí la esperanza.

Me contó cuánto le había dolido verme después de aquella temporada en que mi madre me retuvo con ella por la fuerza. Nola era consciente de que había sido el comienzo de un período muy triste, el cual se vio empeorado por la actitud de mi familia en Atlanta, que no aceptó llevarme a vivir con ellos.

—Sin embargo, Robby, debes saber que nunca dejamos de orar por ti. Nunca perdimos la esperanza de que un día decidieras salir de esa oscuridad en la que te sentías atrapado. Estoy muy feliz de que hayas emprendido tu viaje espiritual.

Mientras reíamos recordando anécdotas infantiles, pensé: *¿Así serán las charlas entre una madre normal y su hijo?*

¡Cómo me hubiera gustado disfrutar de esos momentos!

Luego Nola se volvió hacia mí, pero en lugar de arrodillarse para mirar al «pequeño Robby» a los ojos, levantó los brazos y tomó mi rostro entre sus manos, tal como hacía cuando quería asegurarse la atención de algún niño. Con los ojos húmedos, me repitió lo que tantas veces me había dicho de niño:

—Robby, Dios te ama y yo también te amo. Nunca lo olvides.

El nudo que tenía en la garganta me impidió decir lo que sentía.

Hubiera querido agradecerle por su amor y su cariño, por su oración incesante y su fe en mí y tantos otros niños. En cambio, la abracé fuerte y apenas alcancé a pronunciar un «Gracias» con voz ronca.

Me besó en la mejilla, me deseó suerte, y regresó a ordenar el caos que significaba poner a dormir a todos los pequeños.

Antes de irme de Princeton, traté de disculparme con los compañeros y compañeras a los que había tratado mal: los varones a los que había golpeado y las muchachas a las que había tratado de modo muy poco caballeresco. No pude verlos a todos. Muy pronto tuve que empacar mis cosas y estaba listo para dejar Princeton de forma definitiva.

Con su habitual amabilidad, mi primo Art se ofreció a conducir hasta Carolina del Norte durante aquel agosto de 1972. Cargué en su automóvil todas mis pertenencias: la guitarra, un tocadiscos, mi colección de discos, dos maletas con ropa, una Biblia, la libreta de ahorros y el estado de cuenta de las acciones.

Al salir de Princeton, no miré hacia atrás ni dije adiós con la mano. Simplemente disfruté la sensación de libertad.

Por fin dejaba atrás el orfanato donde había enfrentado tantas luchas y dificultades.

Dejaba atrás un pueblo donde había personas que se preocupaban por los niños y muchachos como nosotros, y otras que nos trataban como si fuéramos de segunda clase.

Ahora dependía de mí mismo.

No tenía familia ni hogar; pero me acompañaban dos interrogantes:

¿Lograría sobrevivir?

¿Sería capaz de superarme dejando atrás mi infancia?

El primer año en la universidad

La universidad de Guilford pertenecía a un mundo diferente. El acento sureño, el follaje de los álamos y los robles, los edificios de ladrillo rojo fabricados con arcilla del lugar… todo lo que veía en ese campus universitario de ciento treinta y cinco años de antigüedad me recordaba que ya no estaba en Princeton.

Por mi parte, estaba bien que así fuera. Me encontraba preparado para un cambio, ansioso por reinventarme a mí mismo.

Para empezar, desterré al Robby del orfanato y me convertí en Rob. Tomé la decisión de que nunca más permitiría que me convirtieran en un ciudadano de segunda clase o me juzgaran por lo que mis padres habían hecho. No volvería a sufrir desprecio y rechazo porque los demás presumieran que un muchacho de un orfanato era un ladrón o un revoltoso.

No harían esa presunción sobre mí porque nadie conocería mi historia. Decidí que nunca daría a conocer ese capítulo de mi vida hasta que no encontrara a alguien en quien confiar, un amigo de verdad que no saldría corriendo tan pronto supiera algo de mi pasado.

Por otra parte, estaba decidido a ponerme a prueba. En el primer semestre, decidí intentar con el equipo de baloncesto.

Después de todo, pensé, *aquí podría ser quizá un jugador de primera. No creo que esta universidad privada otorgue muchas becas para jugadores. Debería ser capaz de ingresar al equipo o al menos quedar entre los suplentes.*

Mi meta no tenía tanto que ver con lo deportivo como con lograr que me aceptaran por derecho propio en vez de que simplemente me toleraran. Esperaba demostrar en la cancha que era tan bueno como cualquier muchacho que se había criado en un «verdadero» hogar.

Nunca imaginé a qué me estaba enfrentando.

El primer jugador al que conocí el día en que me probaron fue M. L. Carr, que luego jugó profesionalmente con los Boston Celtics. El siguiente fue Lloyd Free, que más tarde se cambió el nombre por World B. Free y llegó a ser uno de los máximos anotadores de la NBA.

—¿Qué sabes hacer? —preguntó el entrenador.

—Soy rápido —respondí—, y soy bastante bueno en defensa y dominio del balón.

—De acuerdo. Marcarás a este hombre. Su nombre es Free.

Me pareció verlo sonreír mientras se alejaba.

Miré a Free y pensé: *Puedo marcarlo. Lo único que aspiro es a quedar entre los suplentes. No pretendo ser titular.*

Uno de los entrenadores en la secundaria me había enseñado que al marcar a un hombre debía observar hacia qué lado movía la cadera.

—Un jugador puede engañarte con el movimiento de los pies, la cabeza, los hombros o el balón —me explicó—, pero las caderas no mienten.

Sin embargo, las caderas de Free sí mentían.

Al finalizar mi primer partido de práctica, quedé hecho un trapo. Nunca había sufrido una derrota tan aplastante en toda mi vida. Me alejé de la cancha humillado y medio aturdido.

Cuando le conté a mi compañero de habitación lo ocurrido, se rió a carcajadas:

—Pero, Rob, el año pasado ese equipo estuvo a punto de ganar el campeonato nacional de baloncesto de la NAIA (Asociación Nacional Interuniversitaria de Deportes), y con seguridad este año lo lograrán.

Eso fue exactamente lo que sucedió.

Nunca sabré si hubiera podido ser parte del equipo suplente. Tal vez lo habría intentado una vez más si hubiese contado con un padre que me aconsejara: «¡Vamos! ¡Prueba una vez más!». Sin embargo, no había tal padre que me alentara ni familia que me diera ánimo.

¡Estás bien encaminado hacia el fracaso!, susurraba una voz en mi cabeza. El recuerdo de mi frustrado intento de ser aceptado en el equipo de secundaria hizo que desistiera. No quería comenzar mi vida universitaria con una derrota.

Al poco tiempo de estar allí pude observar de cerca la vida de los muchachos que tenían una familia y un hogar de verdad. Esto también contribuyó a que el primer semestre fuera difícil.

Cuando estaban en problemas, se sentían frustrados o desanimados, llamaban a su casa.

Recibían correspondencia con noticias sobre las actividades del resto de la familia.

Las madres los llamaban a menudo para saber si estaban bien o necesitaban dinero, cómo les iba en el estudio y si habían conocido muchachas interesantes. Los envidiaba.

Yo hablaba con Gigi los domingos por la tarde, pero no le contaba todas mis cosas. Sabía que no podía entender cómo me sentía y no quería preocuparla. Una vez más me encontré emocionalmente en el desierto de la soledad.

A medida que transcurría el semestre, busqué compañía y comprensión en mis compañeros cristianos. En el campus se reunían algunos grupos de debate interesados en temas de espiritualidad. Me sorprendió conocer a muchos compañeros que se consideraban miembros fieles de su denominación, pero sin verse a sí mismos como cristianos.

Tuve la fortuna de conocer a algunos hombres y mujeres profundamente espirituales que me enseñaron la vieja práctica de los cuáqueros de sentarse en silencio y aguardar a que Dios les hablara. Cuando comencé a meditar, no estaba seguro de cuál sería mi reacción en caso de que en realidad escuchara hablar a Dios. Tal vez llegaría a la conclusión de que iba camino a un hospital psiquiátrico como mi padre o a vivir en la calle como mi madre, que estaba trastornada.

Mis mentores decían que la Biblia contiene la promesa de que si buscamos a Dios, lo hallaremos. Explicaban que la meditación cristiana es el proceso de vaciarnos a fin de que Dios nos llene.

Me resultó muy difícil controlar mi energía física y mi mente de modo que pudiera detenerme, escuchar y esperar en Dios, aunque solo fuera un par de minutos por día. No obstante, me di cuenta de que esta práctica no solo me tranquilizaba, sino que me ayudaba a reconocer esa voz. Una vez que aprendí a escuchar, Dios me habló. No en voz alta, ni a diario, pero en ocasiones, cuando necesitaba una guía, me venía a la mente una frase o un pensamiento que decididamente no eran míos, sin que me quedara la menor duda acerca de la fuente.

Esta era una forma de comunicación que muy pronto Dios iba a usar de manera inesperada… una manera que habría de cambiar mi vida.

Un hogar

VACACIONES DE VERANO DE 1973. El primer año en la universidad había resultado agotador. Necesitaba un cambio de ritmo.

Volé de regreso a Chicago y después de visitar a Gigi un par de días, me dirigí a Moline, una localidad al sudoeste de Chicago, a unas tres horas de viaje en ómnibus. Me había invitado Scott, un chico de quien me había hecho amigo en el campamento de la iglesia tres veranos atrás. Ya en los últimos años de secundaria su familia, muy amablemente, me había invitado a pasar varios fines de semana con ellos. Este año, ambos trabajaríamos como instructores de natación y salvavidas en el campamento del lago Geneva.

A medida que el autobús que me llevaría a Moline avanzaba por la ruta interestatal 80, los campos sembrados desfilaban ante mis ojos. A comienzos de junio, los tallos de maíz, de color verde brillante, no llegaban a ocultar la tierra negra y fértil donde crecían.

De pronto, vi una señal en la ruta: PRINCETON 60 millas (noventa y cinco kilómetros).

El anuncio me estremeció. Me había ido de allí rumbo a la universidad con la intención de nunca regresar. Como antes siempre había viajado en tren, no sabía que la ruta del ómnibus pasaba por la comunidad rural sueca en la que había crecido.

Recordaba que solíamos hacer bromas sobre Princeton, con sus únicos tres semáforos colocados todos en la calle principal. Ahora que tenía un año de vida universitaria en mi haber y conocía ambientes más refinados, mis recuerdos pueblerinos me hicieron sonreír. Había dejado atrás el pasado y estaba listo para iniciar una nueva etapa.

A medida que nos acercábamos a Princeton, pensé decirle un último adiós mentalmente desde la carretera. Sin embargo, de modo inesperado, el chofer encendió la luz de giro, el autobús se desvió hacia el pueblo, y casi enseguida tomó la calle principal. A través de la gran ventana de vidrios oscuros vi que el ómnibus se dirigía hacia el pequeño hotel donde funcionaba la terminal. Yo, en cambio, iba directo a una nueva crisis.

Vi en las aceras deportistas de la escuela secundaria que el año anterior habían corrido y jugado baloncesto conmigo. Allí estaba el Dairy Queen donde ahora tomaban helados mis antiguos compañeros de clase. Reconocí a algunos muchachos que solían tirarme bolas de nieve.

Ellos no podían verme debido a las ventanas oscuras del ómnibus. Eso explicaba por qué ninguno me saludó con la mano, gritó mi nombre o me sonrió. ¿O había otra explicación?

—¡Oigan, soy yo! —hubiera querido gritar—. ¡Hola! ¡Estoy aquí!

Por supuesto, no me habrían oído porque las ventanas estaban cerradas a causa del aire acondicionado. No obstante, si me hubiesen escuchado, ¿me habrían prestado atención?

En más de un sentido, era invisible para ellos. La vida en Princeton seguía su curso como si yo nunca hubiese vivido allí.

Después de la parada en el hotel, el autobús retomó la calle principal en sentido contrario, deteniéndose en el tercer y último semáforo antes de dirigirse hacia la interestatal.

Algo aturdido, demoré un poco en darme cuenta de que apenas me separaban cuatro cuadras del Hogar de Niños Covenant, en Elm Street. Ni los niños ni el personal sabían que estaba en el pueblo, sin embargo, ¿habría sido diferente si se hubieran enterado?

Princeton era mi hogar solo desde un punto de vista formal. En realidad, yo no tenía hogar.

La revelación me golpeó con la fuerza de un tornado. Por lo general, ante el embate de los sentimientos tormentosos de mi niñez, solía tener tiempo de refugiarme en mi interior, pero este desvío en el recorrido me tomó desprevenido por completo. No tuve tiempo de atrincherarme.

Antes había experimentado el desprecio, la indiferencia y el rechazo, pero nunca me había sentido invisible. Ahora tenía la impresión de que si repentinamente desaparecía, nadie se daría cuenta ni mostraría interés.

Los muchachos que corrían por la calle o se juntaban en la heladería Dairy Queen estaban en su casa. Este era su pueblo. Más tarde regresarían a la seguridad de sus hogares; el lugar donde estaban sus padres, hermanos y hermanas, así como sus recuerdos. No obstante, para mí, el lugar donde había pasado quince de mis dieciocho años ya no era mi hogar.

Ese capítulo de mi vida se había cerrado de manera abrupta. El orfanato no tenía recursos para hacer un seguimiento de los egresados y brindarles orientación vocacional, apoyo financiero o acompañamiento afectivo. No había personas encargadas de seguir en contacto con nosotros. Nadie nos llamaba para saber cómo estábamos, ni siquiera para averiguar si seguíamos vivos.

Esto no era culpa del personal. La mayoría de ellos trabajaba con denuedo durante jornadas que debían parecerles de veinticinco horas. No tenían tiempo para ocuparse de los que habíamos partido. La cruda realidad era que debíamos luchar por salir adelante con nuestros propios medios… una nueva etapa de vaivenes y sacudidas en nuestra vida siempre turbulenta.

Cuando jugábamos baloncesto en el Hogar, si veía que otro jugador iba a arrojarme contra la pared de ladrillo que sostenía el aro, tensaba los músculos para resistir el impacto. Ahora, mientras el autobús retomaba la interestatal, sentí que había recibido un golpe aplastante sin ninguna probabilidad de prepararme para resistir el dolor.

Hasta ese momento no había podido admitir que no tenía casa a donde ir. En la universidad había esquivado el tema. Cuando mis compañeros me preguntaban adónde iba al final del semestre, respondía con evasivas y solo mencionaba el nombre de la ciudad a la que me dirigía. Suponían que iba a mi casa. No tenía sentido contarles mi caótica historia, así que ni siquiera lo intenté.

Además, pensaba, *¿quién podría identificarse con mi historia?*

Por último, era demasiado doloroso reconocer delante de mis pares —quizá hasta delante de mí mismo— que me faltaba todo lo que ellos daban por descontado.

Ni siquiera el Hogar de Niños era ahora mi hogar. Tomar conciencia de esta realidad fue desgarrador. Por temor a que el resto de los pasajeros me tomaran por loco, apreté los dientes para contener mi torbellino interior.

Cargado de ira, dirigí mi enojo contra Dios. *¿No pudiste darme un pequeño lugar donde vivir? No quería una mansión en Atlanta. Hubiera sido feliz con cuatro habitaciones, un pequeño jardín y un perro. Nada extraordinario. Solo quería una casa con un papá y una mamá. No me importaba si tenían dinero. ¡Solo quería una familia!*

Dios, ¿por qué me tocó esta vida? ¿Qué hice para merecer una vida así?

Aguardé unos instantes. No hubo respuesta.

¿Por qué no respondes?, grité.

Silencio.

¿Puedes oírme?, rugí con rabia silenciosa.

Silencio. Un silencio indiferente, como si estuviera enterrado en vida.

A través de la ventana, veía pasar los campos cultivados de Illinois. *Nunca podré ir a casa, ¿verdad?*

A pesar del amor que Gigi me brindaba, su apartamento no era mi casa. Tampoco lo era Atlanta, aunque podía ir a visitar a mi tío Arnold y a mi tía Alice.

Dondequiera que fuera, me sentía un huésped.

Un hogar es el lugar donde uno no siente que está de visita.

Me sentía sacudido interiormente por fuertes emociones. Al cabo de tantos gritos y clamores, quedé tan agotado que no podía pensar.

Poco después, mientras el autobús rodaba por la interestatal, un pensamiento vino de pronto a mi mente. Se presentó de modo delicado y sutil, flotando como una pluma, tanto, que casi lo paso por alto.

Llámame Padre, Rob. Llámame hogar.

Mi respuesta airada no se hizo esperar.

¿Y crees que eso basta? ¡Eso no explica nada! ¡Eso no sana las heridas de los últimos quince años y ahora tampoco me ayuda! ¿Me oyes?

No tengo un hogar. Jamás dormiré en mi cuarto de niño. No podré llevar a mi esposa a ver la casa donde me crié.

Mis hijos no podrán jugar con sus abuelos. ¡Si estoy triste o me siento mal, si necesito dinero, o si tengo problemas, no tengo una casa a donde ir ni nadie a quien recurrir!

¿Entiendes? ¡No tengo casa ni hogar!

Si Dios tenía una respuesta, mi enojo me impidió recibirla. Sin embargo, estaba demasiado cansado para seguir a la defensiva por más tiempo.

Finalmente, escuché la misma voz una vez más. Era amable, pero firme, como una orden dada con amor.

Llámame hogar, Rob. Solo llámame hogar.

Permanecí en silencio, exhausto.

Yo le había pedido que me cambiara, ¿no es verdad? Y el cambio se estaba dando paso a paso.

Y ahora, el Dios del universo quería adoptarme así, «tal como era»... ¡a mí! Sin período de espera ni período de prueba en el hogar de adopción, sin condiciones. Ni siquiera era requisito que primero me convirtiera en una persona mejor.

Él quería adoptarme a mí, un muchacho con el corazón herido desde su niñez.

Mientras anochecía y el autobús seguía su ruta en la oscuridad, le respondí:

De acuerdo, Señor.

Acepto el trato.

Te llamaré Padre.

Te llamaré hogar.

La revelación

REGRESÉ A LA UNIVERSIDAD A cursar segundo año con la confianza de que Dios me había ofrecido un hogar espiritual —un hogar permanente— y yo lo había aceptado.

Sin embargo, aún debía superar numerosas dificultades de mi pasado.

Por un lado, no sabía cómo manejar la libertad sexual que se vivía en el campus universitario. No había tenido un padre que me diera una visión sana de la sexualidad, ni tampoco había conocido un modelo de lo que era el amor de pareja o el matrimonio.

Había crecido con la idea machista que acepta la libertad sexual en los hombres, pero no en las mujeres. Ahora veía que esta actitud no era agradable a Dios, ni tampoco sabia o justa. Sin embargo, me encontraba con mujeres que decían abiertamente que si un muchacho era lo suficiente atractivo, estaban dispuestas a tener una aventura con él… y el interés que algunas de ellas mostraban hacia mí era un halago para mi ego.

Mis viejas actitudes estaban en proceso de transformación, pero el cambio era lento. Recordaba que Swaney, mi consejero en octavo grado, me había enseñando que las relaciones sexuales debían disfrutarse dentro del matrimonio. No obstante, cuando la oportunidad se presentaba, era difícil hacer lo correcto.

Una noche que mi compañero estaba fuera de la ciudad, vino a mi habitación una compañera con la que estaba saliendo. Sin pensarlo, nos encontramos acostados en mi cama besándonos, y aunque aun teníamos la ropa puesta, nuestros cuerpos claramente pedían entrar en acción.

De pronto, escuché una alerta interior: *¡No! ¡Esto no es lo que Dios espera de ti!*

La oleada de testosterona se detuvo de repente y de algún modo reuní fuerza de voluntad suficiente para ponerme de pie. Ambos nos sorprendimos al escucharme decir:

—Salgamos a caminar un rato.

Mientras dábamos una vuelta por el campus, mi compañera parecía confundida. En lo que a mí respecta, me esforzaba por decir algo. Ni siquiera estaba seguro de por qué me había frenado. Por fin, me serené lo bastante para explicarle:

—No sé muy bien qué fue lo que pasó… pero hace poco tomé la decisión de dejar que Dios me transformara, y de pronto sentí que no debía hacerlo.

Aquella noche pasé largo rato despierto repasando lo sucedido. *¿Cómo logré hacerlo? ¿De dónde sacaré fuerzas para detenerme la próxima vez, y la siguiente, hasta el día en que me case?*

Conocía a muchos muchachos como yo que tenían relaciones sexuales, no por amor y ni siquiera para satisfacer su deseo de placer sexual, sino simplemente para llenar un vacío afectivo. Me di cuenta de que era tiempo de recordar que había cambiado y todavía estaba en proceso de transformación.

Aspiro a ser un hombre, un esposo y un padre fiel, en el que se pueda confiar.

Esperaba vivir de acuerdo con ese principio aun cuando no contara con la guía de mis padres.

Algo había aprendido de aquella experiencia, y era que cuando la cosa se ponía demasiado fogosa, debía ponerme de pie.

También me hubiera gustado recibir orientación con respecto a las materias de la especialización.

No lograba decidirme y no tenía idea de qué carrera elegir. Durante un breve tiempo pensé estudiar química y dedicarme a la investigación, pero un día de primavera en que los cornejos estaban en flor me di cuenta de que no quería pasar el resto de mi vida en un laboratorio. Me gustaban los idiomas, pero no le veía futuro en términos de ganarme la vida. Estudiar contabilidad podía ser una opción, ya que tenía facilidad para los números, pero no me entusiasmaba mucho.

Se acercaban las vacaciones navideñas y yo seguía sin saber qué rumbo tomar. Mientras tanto, perdía el tiempo y malgastaba la beca familiar. Mi única certeza era que mi futuro estaba en las manos de Dios, así que si me dejaba guiar por él, sabría qué hacer.

Durante una conversación telefónica con un amigo de Chicago, me enteré de que la iglesia que sostenía el orfanato tenía programas misioneros temporales. Conseguí más información, y me atrajo la posibilidad de pasar un año en África como «recadero» de los misioneros.

No era un trabajo pagado. La visión de la iglesia era que si Dios estaba detrás de una decisión, él proporcionaría los medios. También me aclararon que no debía ser una carga para los misioneros.

El director del programa me informó que debía aportar tres mil quinientos dólares para cubrir el pasaje y mis gastos. Tenía esa cantidad en mi cartera de acciones, pero aspiraba a comprarme un automóvil: un convertible de color negro. Después de hablar con los encargados del programa y orar pidiendo la dirección de Dios, me di cuenta de que el convertible debía esperar.

Luego de orar mucho y con fervor, tuve la certeza espiritual (toda la que mi juventud me permitía alcanzar) de que eso era lo que estaba llamado a hacer.

Aun así, dudé cuando llegó el momento de contarle a Gigi. Temí que no aprobara mi plan, pero cuando la llamé, no puso ninguna objeción.

—Si es la voluntad de Dios, debes ir, Robby. Mi amor y mis oraciones te acompañarán.

Mis familiares de Atlanta se opusieron, pensando que era una pérdida de tiempo y que alargaría mi carrera. No obstante, cuando llegó el receso de primavera de 1974, mi decisión estaba tomada.

En Guilford, los profesores aprobaron mi solicitud de obtener créditos por mis estudios de francés y lingala, una de las lenguas del

Congo. También podría obtener créditos en «Estudios africanos» a partir de la presentación de un diario de viaje y un trabajo final escrito.

La idea de alejarme del país durante todo un año me hizo pensar que quizás no volvería a ver a algunos de mis parientes ancianos, y eso fue un incentivo para preguntarles lo que nunca antes me había atrevido a preguntar.

Sucedió a finales del verano, después de haber vivido con mi tío Arnold y mi tía Annis durante el tiempo que trabajé en la concesionaria de automóviles propiedad de mi tío. Cuando llegó el momento de irme de Atlanta, me despedí de mi tía Alice, mi tío Mack y mis primos. Pero no me despedí de mi abuela Pauline quien se encontraba en un hogar para ancianos.

La noche antes de mi vuelo de regreso a Chicago tuve una última charla con mi tío Arnold y mi tía Annis. Arnold tenía casi ochenta años, así que me apenaba la idea de no volver a verlo, pero sabía que esta podía ser mi última oportunidad de preguntar lo que nunca había podido preguntarles a mis familiares de Atlanta.

—Tío Arnold, quiero preguntarte algo. Es una pregunta difícil, pero deseo que seas sincero. Dime la verdad, sea cual sea.

Me miró como si supiera lo que le iba a preguntar y lo hubiera estado esperando desde hacía años.

—Entiendo que Gigi era pobre y no podía hacerse cargo de mí. Y aun cuando hubiera querido hacerlo, no estaba en condiciones ni psicológica ni emocionalmente de disputarle la custodia a mi madre. Hubiera tenido que batallar constantemente contra sus locuras. Sin embargo, no entiendo por qué nadie de Atlanta me fue a buscar al Hogar de Niños y me crió. ¿Por qué ninguno de ustedes me quiso en su casa?

Me sorprendió ver sus ojos llenos de lágrimas. Recuperó la compostura y me dijo:

—Robby, varias veces intenté convencer a Pauline de que me permitiera criarte. Tu abuelo Mitchell no solo era mi hermano y un verdadero santo, sino que era mi mejor amigo. Él hubiera querido que su nieto se criara en mi casa, y a mí me hubiera hecho feliz complacerlo a él y a ti.

Permanecí sentado en absoluto silencio mientras Arnold hizo una pausa para dominar sus emociones. Bebió un trago de *bourbon* antes de continuar:

—Lo cierto es que tu abuela Pauline no permitió que ningún miembro de la familia se hiciera cargo de ti.

Mi mente trabajaba a toda velocidad tratando de entender la razón. Silencio.

—¿Por qué, tío Arnold?

Sacudió la cabeza como si él mismo no lo comprendiera, y las lágrimas corrieron por sus arrugadas mejillas.

—Tú colocabas a Pauline en una situación socialmente incómoda. Si vivías en Atlanta, pero tu padre no se hacía cargo de ti, ella tendría que dar muchas explicaciones en los círculos sociales que frecuentaba. Era preferible decir que vivías en Illinois.

¿Una situación socialmente incómoda?

¿Mi propia abuela no permitió que otros miembros de la familia me criaran para evitar dar explicaciones en los círculos elitistas en los que se movía?

No podía creerlo. Me consideraba uno de la familia en el aspecto legal, pero no me consideraba lo suficiente bueno para criarme y ocuparse de mí. ¡Vaya cariño que me tenía!

¿Y qué decir de los miembros de la familia que no tuvieron agallas suficientes para enfrentarse a Pauline y hacer lo correcto? Según parece, ninguno de ellos tampoco consideró la posibilidad de contradecir a Pauline y ofrecerle a Gigi dinero y asesoramiento legal para que pudiera educarme.

Superado el primer impacto, no sabía si debía sentirme escandalizado o resignado. Por una parte, esta dolorosa revelación era solo una más de una larga lista; por otra parte, me sentí aliviado porque no seguiría en la incertidumbre.

Al día siguiente me despedí de ellos. Mi tía Annis me abrazó llorando, mientras que tío Arnold desistió del habitual apretón de manos y por primera vez también me dio un abrazo.

—Robby, recuerda que siempre te he querido.

Con un torbellino de ideas en la cabeza, viajé a Chicago a visitar a Gigi. Después de contarle mis planes, mientras saboreábamos una deliciosa carne al horno, Gigi me dijo:

—Me alegro por ti, Robby. Debes hacer lo que Dios te dice que está bien.

—No me gusta la idea de dejarte e irme tan lejos, puede darse el caso de que me necesites.

—No quiero que pienses en eso —respondió con su habitual sentido práctico—. Además, quisiera morirme mientras estás lejos, así no seré una carga para ti. En África, no te enterarás si me enfermo y estarás demasiado lejos para venir al funeral.

—¡No quiero que hables así! —la regañé—. No te morirás mientras esté de viaje y jamás serás una carga para mí. ¡Jamás!

—Bueno, no sigamos hablando de estos temas. Sin embargo, recuerda que estos muebles te pertenecen y también el dinero que hay en mi caja de ahorros.

Más tarde, sentados en el sofá, un rato antes de acostarnos, apoyé mi mano sobre la suya y le dije:

—Gigi, quiero preguntarte algo que no es fácil.

—Adelante, Robby.

Su tono de voz me indicó que también ella había estado esperando este momento.

—De niño nunca entendí por qué mi familia en Atlanta no me llevaba con ellos. Esa interrogante me persiguió por años. Esta vez, antes de irme de Atlanta, le pregunté a mi tío Arnold por qué la familia no me había aceptado. ¿Sabes qué me dijo?

—Sí, Robby. Te dijo que Pauline no lo permitió porque tú la ponías en una situación socialmente incómoda.

—Pero, Gigi, si tú lo sabías, ¿por qué no me lo dijiste?

Noté un temblor en sus hombros pequeños, de modo que coloqué mi brazo sobre ellos para sostenerla.

—No estoy enojado porque no me lo hayas dicho. Solo necesito entender.

—Me enteré cuando estabas en los primeros años de secundaria —mientras hablaba, comenzaron a brotar lágrimas de sus ojos—. No obstante, cada vez que me preguntabas si podías vivir en Atlanta, me resultaba demasiado doloroso decirte que nunca te llevarían con ellos. Habías vivido tantas situaciones difíciles que no tenía fuerzas para decirte que te rechazaban una vez más. En especial porque el motivo era tan mezquino.

Su voz se fue apagando hasta acabar casi en un susurro:

—No pude hacerlo, Robby, no pude. No sabes cuánto lo siento… Lo siento mucho, de veras lo siento.

Y rompió en llanto.

La rodeé con mis brazos, como abraza un padre a una hija que ha vivido una experiencia dolorosa. Le repetí muchas veces que no estaba enojado, y me sorprendí al darme cuenta de que al menos en ese instante era verdad.

Supongo que a esto se refería el psiquiatra cuando dijo que podía racionalizar las emociones, pensé. *Las pones en una caja, cierras la tapa, y no les permites salir hasta que llegue el momento de lidiar con ellas.*

Este no era un momento para el enojo. Era el momento de consolar a Gigi, que lloraba porque mi infancia había sido caótica y ella había podido hacer muy poco para remediarlo. Quería que Gigi supiera que me había dado lo que más necesitaba: la seguridad que da el amor constante e incondicional.

Esa noche fue difícil conciliar el sueño.

El problema no era solo lo que había descubierto sobre mi pasado, ni siquiera el temor a la selva africana.

El problema era la incertidumbre.

Al día siguiente volaría a un lugar desconocido a hacer un trabajo también desconocido, y a sus ochenta años, me separaría de Gigi por un año.

Sin embargo, quizá lo que más contribuía a esa incertidumbre era que haría algo que jamás había hecho: confiar en que estaba siguiendo el llamado de Dios. Y la idea de confiar en alguien aún me inquietaba.

De voluntario en África

DE CHICAGO VOLÉ A PARÍS, y de allí a Bangui, la capital de la República Centroafricana. Mis instrucciones eran esperar en Bangui la avioneta de la Asociación Misionera de Aviación (MAF, por sus siglas en inglés), la cual me llevaría a la ciudad de Gemena, en la región conocida como Ubangui, en el noroeste de Zaire (actualmente, República Democrática del Congo).

¿Habré perdido la razón?, me pregunté al bajar del avión en Gemena. *Hace muchísimo calor, está pesado y húmedo, todo se ve polvoriento, y el lugar no huele bien. ¡Debo estar loco para venir aquí!*

La primera noche seguí cuestionándome y analizando mis decisiones. *¿Habré tomado una decisión equivocada? ¿En realidad fue Dios quien me guió? Cumpliré veinte años dentro de poco, y aquí estoy como Tarzán protagonizando una aventura de historieta.*

Después de reflexionar y orar sobre todo esto, me sentí en paz. Por alguna razón, Dios parecía quererme en África. Y por extraño que este lugar resultara, probablemente me depararía experiencias muy interesantes.

La región de Ubangui, ubicada al norte del ecuador, combinaba selva y pradera. Allí crecían en abundancia bananas, naranjas, limones, limas, ananás, mangos y papayas. Si dijera que era una región remota, me quedaría corto, teniendo en cuenta que en 1974 el teléfono más próximo se encontraba a ochocientos kilómetros (quinientas millas) de distancia, y en la estación lluviosa no había forma de llegar hasta allí.

Los misioneros atendían un total de siete localidades extendidas en un radio de ciento sesenta kilómetros (cien millas). Gemena, mi lugar de residencia, contaba con el único banco y la única oficina de correos de la región, tenía la pista de aterrizaje más extensa, y allí funcionaban las oficinas de la aduana y la tramitación de pasaportes. Además, había un destacamento militar y un pequeño hotel con un restaurante diminuto estilo europeo, el cual parecía salido de la película *La reina de África*. Algunas tiendas pequeñas, una escuela secundaria donde enseñaban los misioneros protestantes y una escuela primaria en la que el personal era católico completaban el lugar.

Lee Anderson y su esposa, Alene, mis anfitriones y al mismo tiempo mis jefes, me pusieron a trabajar de inmediato. El 10 de setiembre de 1974 escribí en mi diario: «Hace tres semanas que trabajo en Gemena, pero parece que fueran meses». Sin embargo, estaba agradecido por todo lo que aprendía de los Anderson.

Los misioneros me apodaron «el recadero de Gemena», ya que una de mis tareas era precisamente hacer encargos para cualquiera que me necesitara.

Un trabajo más exigente era manejar la radio de onda corta, un medio de comunicación vital para los puestos de misión. Como consecuencia del asesinato del misionero Paul Carlson en 1960 durante un violento levantamiento en el Congo, la seguridad había pasado a ser un tema preocupante.

Después de la muerte de Carlson, la situación seguía siendo tensa, pero reinaba la paz. Los misioneros, sin embargo, tenían vivo el recuerdo de lo ocurrido.

Todas las mañanas encendía la radio a las seis y cuarenta y cinco y llamaba a todos los puestos por orden alfabético. Si todo estaba bien, alguien en cada localidad respondía: «Presente». Tres veces al día los misioneros verificaban que todos sus compañeros seguían con vida.

Otra de mis tareas era encargarme de recibir los envíos de alimentos, los productos de primera necesidad y el combustible. Fue así que conocí a Dapala.

El primer mes que asumí esta responsabilidad nos avisaron que llegaría un importante cargamento de combustible a Akula, un pueblo ribereño a unos ciento sesenta kilómetros de distancia. Dan, un voluntario temporal, trajo un camión de plataforma con tanques vacíos de doscientos litros (cincuenta y cinco galones). Nos acompañó Dapala, un joven cristiano de la tribu Ngbaka, una de las más numerosas.

Dapala era solo siete años mayor que yo y ya tenía a su cargo el dormitorio de los varones y algunos proyectos de mantenimiento en la escuela secundaria de Gemena. Él se había ganado el respeto de su tribu al haber accedido a un puesto de tanta responsabilidad.

Durante el viaje, nos comunicamos traduciendo de una lengua a otra. Dan y yo hablábamos inglés, Dan y Dapala hablaban lingala, y Dapala y yo hablábamos francés. Igual que otros miembros de su tribu, Dapala me llamaba «Robert» y lo pronunciaba en francés, ya que «Rob» no era sencillo de pronunciar en lingala, en ngbaka ni en francés.

Después de mucho traqueteo a lo largo de una ruta que no era más que un camino de tierra lleno de surcos y desniveles, llegamos sanos y salvos a Akula y compramos todos los barriles de combustible que quisieron vendernos. De regreso a Gemena comenzó a llover y tuvimos que detenernos, ya que el camino estaba peligrosamente resbaladizo. Justo en el lugar donde nos detuvimos, un cazador tenía un refugio y nos invitó a resguardarnos del aguacero.

Al cabo de una hora, la lluvia cesó tan de repente como había comenzado. Sorpresivamente, se apareció un grupo de niños que querían ver a los hombres blancos. Al salir de la choza, el terreno estaba tan fangoso que resultaba tentador. Como ya estaba empapado (y sabía que tenía ropa limpia en el camión), no pude resistir la tentación de jugar. Me impulsé a toda carrera hacia un declive del camino y luego me deslicé por el barro, al estilo de los jugadores de baseball. Los pequeños ngbaka reían y batían palmas entusiasmados. *¡Los niños son niños en cualquier lugar!*, pensé con una sonrisa.

Me di cuenta de que querían hacer lo mismo que yo, pero no se animaban, de modo que me acerqué al grupo y tomando a uno de los niños, lo levanté en el aire mientras él me miraba con ojos de asombro. Corrí de nuevo hacia el declive y con un grito de triunfo nos deslizamos juntos por el barro. Al detenernos le dije en lingala: «Gracias».

Corrió hacia donde estaban sus amigos, hablándoles en lingala. No entendí lo que dijo, pero al acercarme al grupo vi que Dapala sonreía. Cautelosamente, otro niño dio un paso al frente. Repetí el juego con él y con varios otros, incluida una niña valiente que se animó a jugar con un hombre blanco.

Al finalizar el juego le pedí a Dapala que les dijera en nbgaka: «Gracias, Dios los ama».

Estaba de rodillas frente al grupo cuando Dapala tradujo mi saludo. La niña se adelantó, me abrazó, y luego me miró directo a los ojos. Pasó su mano por mi cabello, siguió el contorno de mi cara, y me torció con suavidad la barbilla. Tal vez por primera vez en su vida se encontraba tan cerca de alguien que no tenía la piel negra o morena. No podía imaginarme qué significaba esta experiencia para ella. Me abrazó de nuevo y corrió hacia la vegetación, diciendo adiós con la mano.

Cuando llegamos a Gemena, tarde en la noche, Dapala me explicó que esa experiencia había contribuido a crear un vínculo. Nos dimos la mano y él sostuvo la mía largo rato. Sonriendo, me dijo:

—Eres diferente. No eres como otros hombres blancos. Me gusta la diferencia. Deberíamos ser amigos.

—Gracias —respondí, tan sonriente como él—. ¡Considero un honor ser tu amigo!

Durante el siguiente mes nuestra amistad creció. Aunque los misioneros me habían advertido que las manifestaciones de racismo contra los blancos eran frecuentes en las ciudades más grandes como Gemena, me resultaba difícil creerles al ver el comportamiento de Dapala.

Sin embargo, un incidente ocurrido tiempo después me demostró que los misioneros estaban en lo cierto. También puso en evidencia que algunas secuelas de mi niñez seguían presentes en África.

Me hospedaba en una vivienda contigua al dormitorio del internado donde se alojaban unos treinta muchachos de las tribus de los alrededores. En ocasiones, jugaba al fútbol con ellos. Por lo general me superaban en los pases porque eran muy habilidosos con la pelota y regateando. Cuando eso ocurría, reían con ganas. Al parecer disfrutaban la posibilidad de derrotar a un oponente blanco. A mí no me molestaba, sino que por el contrario, me gustaba el desafío.

Sin embargo, una tarde un jugador avanzó directo hacia mí llevando el balón, con la clara intención de hacerme quedar como un tonto, pero no le causó ninguna gracia cuando le quité la pelota y logré hacer un buen pase hacia adelante.

Se escucharon algunas risitas, obviamente dirigidas al muchacho que había tratado de avergonzarme. Entonces me dirigió una mirada hostil, volviéndose luego hacia los que se habían reído y diciéndoles algo. No entendí lo que dijo excepto la última palabra: *mondeli*.

En lingala quería decir «persona blanca». Los misioneros me habían explicado que la entonación variaba el significado de la palabra de una mera identificación a un insulto racista. Me habían dicho que debía tener cuidado y alejarme en silencio si escuchaba el tono que anunciaba problemas.

No tenía ninguna duda con respecto a la entonación que el joven había usado.

De pronto, como si me estuviera moviendo en cámara superlenta, sentí que el puño de mi mano derecha se ponía tenso y se cerraba. ¡Me daba cuenta de que se estaba burlando de mí! Mi «viejo yo» me asaltó como un felino que había estado al acecho.

Una voz que me era familiar y solo yo podía oír parecía reírse de mí desde la vegetación que rodeaba la cancha de juego. *¡Dale un puñetazo! ¡Golpea, golpea! ¡Derríbalo de un golpe y déjalo magullado por una semana!*

No puedes escapar de tu pasado. ¡Hazlo! ¡Hazlo ya!

Sin embargo, también escuché otra voz, calmada y profunda: *No le pegues. No destruyas el trabajo de los misioneros. Vuelve la otra mejilla y aléjate del lugar.*

Has cambiado. ¡Ahora demuéstralo! A ti mismo y a los demás.

Antes de que mi faceta guerrera tomara una decisión, el muchachito ngbaka que me había invitado a jugar se interpuso entre mi adversario y yo, mirando fijo y sin decir palabra a este «buscapleitos de patio de escuela» en versión africana.

Levanté la mano para indicar que pedía reemplazo, caminé tranquilamente hacia un costado de la cancha, y un par de minutos después pedí que me disculparan y me retiré.

Mientras caminaba hacia mi cabaña, reflexioné en lo ocurrido.

Me pregunto si esto será lo que trataba de explicarme mi misionero guía cuando dijo que la justicia es recibir lo que se merece, la misericordia implica que no nos darán lo merecido y la gracia es recibir algo mejor que aquello que merecemos.

Mi «viejo yo» estaba listo para castigar. Mi «yo» en lento proceso de cambio me convenció de mostrar misericordia. Entonces, la gracia se hizo presente en la persona del joven ngbaka que vino en mi ayuda. *¡Sorprendente!*, pensé.

Según parecía, solo la misericordia y la gracia podrían ayudarme a escapar de la ira de mi niñez, siempre al acecho como un león.

De todos modos, aun estaba pendiente mi dificultad para confiar. Y en esta área, mi instructor fue Dapala.

La primera clase tuvo lugar en diciembre de 1974, cuatro meses después de mi llegada a África. Dapala me saludó con su habitual apretón de manos y luego me hizo un pedido:

—Robert, necesito tu ayuda. Me pidieron que acompañe a unos adolescentes a un servicio especial el domingo. Cada tres meses, los cristianos africanos de Gemena organizamos un culto especial en diferentes aldeas en el interior de la selva. El director de la escuela suele conducir el camión, pero esta vez no puede venir, y yo no sé manejarlo. ¿Puedes llevarnos a la aldea?

Dudé por un momento. Cuando Dapala dijo «en el interior de la selva», a mí me pareció oír «en el fin del mundo», pero me atraía la idea de escuchar a la gente de las tribus predicar y cantar, así que acepté.

Recorrimos los primeros veinticinco kilómetros (quince millas) en buen tiempo, mientras el grupo de adolescentes cantaba a voz en cuello en la parte de atrás del camión. Poco después, Dapala señaló un desvío hacia un camino lateral, también de tierra y apenas más ancho que un sendero. Giré y Dapala me dijo que detuviera el camión.

Entre la vegetación apareció un miembro de una tribu. Al parecer sabían que vendríamos gracias al sistema de comunicación local: los tambores. Dapala bajó del camión para hablar con su amigo. Al entrar de nuevo en la cabina, vi que el hombre le había dado una hoja grande. Apenas arranqué, Dapala me dijo que la hoja contenía un platillo muy especial para ellos y me invitó a probarlo.

Mi viejo yo de inmediato levantó sus defensas.

¡Ni loco!, pensé. *No puedes confiar en nadie, excepto en Gigi y Nola.*

Un hombre de una tribu te ofrece una comida extraña. No sabes qué es ni cómo la preparan. ¿Estará en buen estado? Puede caerte mal. Y no puedes hacerle todas estas preguntas sin ofenderlo.

¡No comas! ¡No confíes en él! No es seguro.

Luego, mi nuevo yo, el que estaba cambiando, dejó oír su voz.

¿Qué cosa no es segura, la comida o confiar en otra persona?

Mi viejo yo no pudo responder a esa pregunta.

Mi nuevo yo decidió confiar en Dapala. Sin mirar, extendí mi mano hacia la hoja y tomé un poco de la misteriosa preparación entre el índice y el pulgar, llevándomela a la boca.

Tan pronto comencé a masticarlo, imaginé que ese bocado crocante y sabroso estaba hecho a base de fibra del fruto de la palmera, mezclada con hormigas o termitas fritas.

Continué masticando despacio y con cuidado. No importaba cuánto masticara, siempre me quedaba alguna antena o un hilo de fibra entre los dientes.

Uno de los muchachos me observaba a través de la ventana posterior de la cabina. Cada vez que le informaba al resto que yo había comido un nuevo bocado, reían a carcajadas. Dapala sonreía visiblemente complacido de que yo aceptara compartir este manjar.

El culto especial del domingo convocaba decenas de personas de las tribus, incluidos muchísimos niños bulliciosos. Dapala me presentó a varios hombres y sus esposas. Una hora después de nuestro arribo, el sol se ocultó y la aldea quedó envuelta en la profunda oscuridad de la selva. Sin la luz de las pequeñas fogatas y unas pocas lámparas de aceite, no hubiera visto ni siquiera mi nariz.

Después de las conversaciones y los cantos en lengua ngbaka, llegó la hora de la cena. Antes de servir la comida, Dapala me preguntó en voz alta:

—Robert, ¿te gustó lo que comiste esta tarde en el camino?

—¡Por supuesto! —respondí, y enseguida le pregunté algo—. Ahora, Dapala, dime qué comí.

—Era una termita —explicó Dapala, sonriendo—. Las mismas termitas que hacen grandes construcciones de tierra. Se fríen en aceite de palma.

—En realidad sabía muy bien, salvo por las antenas y las pinzas que se meten entre los dientes —agregué sonriente.

Todo el grupo rió y festejó la broma. Me daba cuenta de que Dapala estaba complacido con mi actitud, incluso orgulloso.

Finalizada la cena, cantamos hasta tarde en la noche. Luego Dapala nos indicó que era tiempo de ir a dormir.

Mientras nos alejábamos del fuego, Dapala me tomó ligeramente de la mano. Si eso hubiera ocurrido en los Estados Unidos, me hubiera sobresaltado, pero aquí era diferente. Un misionero me había explicado que ese gesto significaba: «Este hombre es más cercano que un hermano. Es un hombre por el que vale la pena morir».

Nunca había visto a un hombre de las tribus tomarse de la mano en público con un *mondeli*. Más tarde supe que era algo muy inusual.

Seguimos caminando y Dapala en voz baja —no con la intención de trabar conversación, sino más bien como quien enseña— me dijo:

—Robert, esta es mi gente, mis tribus, mis aldeas, mi familia. Sin ellos, no soy nada.

Me llevó hasta una casa grande, con cuatro dormitorios, piso de tierra, paredes de barro y techo de paja. Íbamos a dormir en la misma habitación equipada con una cama grande, con estructura de bambú y un colchón de paja, y una cama de bambú más pequeña. Dapala insistió en que durmiera en la más grande.

Nos sentamos en el borde de las camas, alumbrados por mi linterna. Le pregunté en qué lengua quería orar, y propuso que cada uno orara en su propia lengua.

Mi amigo extendió sus manos para tomar las mías y oró al Dios del universo en un idioma que no entendí, excepto cuando terminó con las palabras *Jesu Criste*. Y yo oré en un idioma extraño para Dapala, excepto cuando dije *Jesucristo*.

Cuando terminamos de orar, lo miré a los ojos y le dije en lingala:

—Venimos de tribus tan diferentes… sin embargo, el mismo Dios nos comprende y nos ama.

Después de desearnos buenas noches, apagué la linterna y me acosté en la más completa oscuridad. No necesitaba luz para ver la verdad: No importaba a dónde fuera, Dios estaría allí conmigo y con todos, sin importar la cultura, el idioma, la historia ni el color de la piel.

Mi nueva identidad comenzaba a aflorar.

Ya no soy solo un niño del orfanato, pensé. *Pertenezco a la familia de Dios en el mundo.*

Todavía había muchas áreas en las que debía trabajar, pero aquella noche se desprendió otro pedacito de la cicatriz de mi niñez.

En junio de 1975, mi estancia en África llegó a su fin. Fue difícil despedirme de los misioneros que me habían hospedado y mis amigos ngbaka.

El día de mi partida, Dapala y yo no intercambiamos ni una palabra… solo un silencioso y prolongado abrazo. Derramé lágrimas de gratitud por su amistad. Con la tristeza de saber que probablemente no lo vería de nuevo en esta vida, subí al camión y no volví la vista atrás.

Ocho voluntarios partimos de ese puesto misionero aquel día. Durante varias semanas recorrimos unos tres mil kilómetros (dos mil millas) a través de África, en un viaje maravilloso y también peligroso, lleno de aventuras, que nos llevó hasta Nairobi, en Kenia. Vimos pigmeos en la selva Ituri, hombres con ametralladoras en Ruanda, las planicies de caza del Serengeti y el cráter del Ngorongoro. Tenía montones de historias para contarle a Gigi a mi regreso.

Sin embargo, lo más importante de mi viaje misionero era el avance logrado en mi propia vida. Había llegado al África como un niño inseguro, proveniente de un orfanato, y ahora regresaba con el deseo de confiar y la certeza de que mi ingreso a la gran familia de Dios en el mundo no dependía de mi cultura ni mi pasado.

¿Perdonar?

ANTES DE DIRIGIRME A GUILFORD, pasé una semana con Gigi en su apartamento. En mi ausencia había cumplido ochenta y un años. La encontré más débil físicamente, pero muy lúcida. Disfrutamos de muchas horas juntos y conversamos sobre mi viaje. Hasta el más mínimo detalle le resultaba interesante.

Además, tuve una breve entrevista en la oficina de Covenant World Missions para informarles sobre mi experiencia en el programa misionero. Me quedé pasmado cuando el director me reintegró el dinero de mi cuenta de gastos.

—Creo que debería revisar la cuenta, señor —le sugerí—. Esto es más de lo que tenía antes de viajar.

—Eso es lo que tienes, Rob —me aseguró—. Durante tu ausencia, varios grupos y personas contribuyeron con algunos miles de dólares que se sumaron a los tres mil quinientos iniciales. Es frecuente que los voluntarios temporales reciban un reintegro. Muchas veces hemos visto cómo Dios provee para aquellos que responden a su llamado. A nosotros ya no nos sorprende.

Al salir de la oficina con el cheque, mi primer pensamiento fue: *Otra manifestación de la gracia. ¡Este asunto de confiar en Dios es realmente increíble!*

No tardé en darme cuenta de que mi disposición a confiar no era el único cambio que se había operado en mí en el transcurso del año anterior. Mi actitud arrogante y desafiante se transformaba paulatinamente en una actitud de serena confianza.

Quizá la prueba más evidente de este cambio fue lo ocurrido cuando visité a mi tío Arnold de camino a la universidad. Sabía que le disgustaban los hombres con barba, pero a pesar de ello conservaba la mía. En la escuela secundaria, me dejaba crecer la barba simplemente para demostrar mi independencia, pero ahora el gesto de enfrentamiento me parecía innecesario, de modo que me afeité.

Cuando el taxi se detuvo en la casa de tío Arnold, el sorprendido fui yo. Estaba esperándome en la entrada para automóviles, algo que nunca antes había hecho. Sin decir palabra, pero con ojos húmedos por las lágrimas, me estrechó largo rato entre sus brazos. Era la segunda vez en la vida que me abrazaba.

De regreso en la universidad, decidí especializarme en servicio social. Ser un superviviente me llevó a querer ayudar a otros a salir adelante.

Psicología fue una de mis materias preferidas. En las clases aprendí que ciertas enfermedades mentales y conductas antisociales tienen su origen en el resentimiento y son consecuencia de haber sufrido maltratos o injusticias, ya fueran estos reales o percibidos como tales. Los profesores resaltaron la importancia de «reconciliarnos con nuestro pasado». Sin embargo, evitaron el concepto del perdón.

En cierto modo, también yo lo evité. Era consciente de que no me había reconciliado con mi pasado; en realidad, no deseaba hacerlo.

Sin embargo, poco después escuché la historia de Corrie ten Boom.

Corrie era una cristiana holandesa que junto con su padre, su hermana Betsie y varios amigos fue arrestada en 1944 por ocultar personas judías durante la ocupación nazi a fin de evitar que fueran llevadas a las cámaras de gas. Su hermana y su padre murieron en el campo de concentración de Ravensbrück, pero Corrie sobrevivió y se encontraba en los Estados Unidos con el propósito de dar a conocer su experiencia.

A menudo contaba lo sucedido cuando, con motivo de dar una charla en una iglesia, un hombre se le acercó y le tendió su mano. Corrie lo reconoció como uno de los guardias de las SS en Ravensbrück. Él había vigilado la puerta de la habitación donde ella y su hermana

Betsie habían sido obligadas a quitarse la ropa y entrar a las duchas ante la mirada y las risas de los soldados alemanes.

Ahora le pedía a Corrie que lo perdonara.

Corrie solía decirle a la audiencia que en ese momento no sintió nada por aquel hombre, ni el más mínimo atisbo de caridad. Oró diciendo: «Jesús, no puedo perdonarlo».

Sin embargo, Dios la llamó a perdonar y ella respondió a su llamado.

Al final de sus charlas, Corrie les planteaba un desafío de amor y coraje a los oyentes:

—¿A quién necesitan perdonar?

Yo sabía la respuesta. Me resultaba muy fácil repasar mi selección.

—Recuerden la oración que Jesús nos enseñó —decía Corrie—. La respuesta que Dios nos pide para sanar el dolor provocado por la injusticia es perdonar a quienes nos agraviaron.

Corrie había recibido el llamado a perdonar a un hombre que representaba el sufrimiento, el dolor y la vergüenza. Yo sabía que Dios esperaba que hiciera lo mismo, pero no deseaba hacerlo. Hubiera preferido arrastrarme en la selva entre serpientes venenosas y ejércitos de hormigas antes que perdonar.

Los días pasaban y la pregunta de Corrie, como una espina clavada que no quiere salir, seguía dando vueltas en mi cabeza y no me dejaba en paz: «¿A quién necesitas perdonar?».

Finalmente, un día mientras caminaba a través del campus la respondí. *¡De acuerdo! Yo sé a quién. ¿Quieres que te dé la lista? Mi abuela Pauline, mi padre y mi madre. Ahí los tienes. ¡Son ellos tres! Ya respondí la pregunta. ¿Están satisfechos? Ahora déjenme en paz.*

No sabía si Corrie hubiera quedado contenta con esta respuesta, pero sí sabía que yo no lo estaba, y comencé a explicarle a Dios por qué.

¡Por favor, olvidemos todo esto! Si los profesionales que nos atendían en el Hogar no trataron de convencernos de que perdonáramos a los adultos que habían volcado sobre nosotros toda su roña, o peor aún, que habían abusado de nosotros, ¿por qué debería esforzarme por perdonar a alguien? Además, ellos no me piden que los perdone.

¿Y qué importancia tiene? Pauline murió, mi padre tiene muerte cerebral y mi madre tanto da si está muerta o no. Ni siquiera lo sabrán si los perdono.

Silencio.

Mi lucha se prolongó varias semanas. A medida que avanzaba en mi último año en la universidad, mi dedicación al estudio entró en dura competencia con la preocupación por el tema del perdón.

Una mañana de otoño en 1976, durante mi tiempo de oración, volví a elevar mi protesta.

¿Es esto lo que debo hacer para superar mi pasado y tener la oportunidad de tener una familia real, normal, con papá, mamá y niños?

¡No creo que pueda perdonarlos! La sola idea de intentarlo me resulta abrumadora. ¿Estás seguro de que tengo inteligencia y fortaleza suficientes para tratar de perdonar a alguno de ellos tres? Por favor, dime que esto no va en serio.

Experimenté uno de esos momentos en que me venía a la mente un pensamiento que sabía que no era mío. Esta vez fueron dos palabras.

¡Debes comenzar!

¿Se habría cansado Dios de mi resistencia? No lo sabía. Sin embargo, había aprendido que cuando Dios hablaba, el tiempo de orar había terminado. Era hora de reflexionar en el mensaje.

¿Comenzar? ¿Dónde comenzar?

No tenía idea del peligro que entrañaba emprender este viaje, pero el único que podía hacerlo era yo.

Mi abuela Pauline

ME PUSE A PENSAR QUIÉN de los tres había provocado mayor sufrimiento en mi vida, y decidí que la más fácil de perdonar era mi abuela Pauline.

Mi abuela había fallecido y yo no había derramado una sola lágrima.

Ahora intentaba saber algo más sobre ella. En la conversación con su hija, mi tía Alice, no avancé mucho. Alice fue amable, pero no quería hablar del pasado. Quizá debido a que prefería «no agitar las aguas» o tal vez porque en lo personal le resultaba difícil, lo cierto es que no obtuve ninguna pista.

Los profesores de psicología nos habían enseñado que debíamos entender las motivaciones de las personas, de modo que repasé y analicé todo lo que recordaba de Pauline. Recordé cómo trataba a mis tíos Alice y Mack, sus nietos y el personal que trabajaba en su casa. Comencé a darme cuenta de que mi abuela había vivido en un mundo diferente, encerrada en otro mundo.

En el mundo de Pauline, las metas que ella se trazaba eran tan importantes que esperaba que todos a su alrededor cumplieran su papel para poder alcanzarlas. En su mundo, todo era maravilloso, incluida la propia Pauline. Podría decirse que se veía a sí misma como un modelo para las demás mujeres.

No obstante, este modelo de distinción y feminidad sureña constantemente menospreciaba a las personas o las ideas que no eran de su agrado. A menudo, al comenzar una perorata contra mi madre, los negros o los judíos, declaraba: «Te lo digo con la mejor intención».

Mi percepción de esta mujer posiblemente era bastante acertada, pero aun así no hallaba respuesta a mis interrogantes: *¿Por qué no permitió que algún familiar de Atlanta me criara? ¿Cómo pudo privarme de una niñez normal? ¿En qué sentido pude haber sido una presencia incómoda para ella?*

No lograba avanzar. Todas mis respuestas eran muy personales. De pequeño, pensaba que no tenía una buena vida porque era malo. Incluso ahora tenía la impresión de que debió haber algo en mí que ofendiera a Pauline… algo que dije o que no dije, que hice o no hice, mi manera de ser o de no ser, o quizá mi aspecto físico.

Una y otra vez luché por hallar la respuesta. Me preguntaba: *¿Por qué me trató de ese modo? ¿Qué habrá sido?*

Y una y otra vez no hubo respuesta, solo silencio.

Sin embargo, no cejé en mi empeño. Me acordaba de que Pauline solía llamarme «mi querido Robby» y siempre me decía cuánto me amaba. También recordaba que en más de una ocasión la había oído decir: «Robby, me hace muy feliz que vivas en un lugar tan agradable». Contribuía con sesenta dólares mensuales para cubrir mis gastos en el orfanato y a menudo me recordaba «todas las cuentas» que pagaba.

Al parecer, en su imaginación, yo crecía en un entorno idílico: vivía en una cómoda casa de campo, rodeado de amiguitos con quienes jugar y atendido por niñeras cariñosas. Es posible que el Hogar haya sido mejor que otros lugares alternativos, pero no se correspondía en lo absoluto con su fantasía.

De todos modos, estas cavilaciones no ayudaban a responder mi gran pregunta: *¿Qué tenía yo que la hizo distanciarse?*

Una mañana, después de clamar al cielo por una respuesta, me encontré con algo que no era idea mía, porque a mí no se me hubiera ocurrido.

Nada.

Ya era casi experto en la protesta: *¿Qué quieres decir con «nada»? Aquí no se trata de haber dicho algo inapropiado o de olvidarse de enviar un saludo de cumpleaños. ¡Estamos hablando de toda mi niñez!*

Silencio. Según parecía, Dios había decidido que resolviera esto por mis propios medios.

No logré avanzar hasta que un compañero de la universidad me contó algo que le había ocurrido. Un sábado por la noche salió con una muchacha que lo tenía embobado. Después de dejarla en su casa, emprendió el regreso. Mientras conducía el automóvil de su padre, completamente absorto por el increíble beso de despedida que se habían dado, no vio una curva y chocó de lleno contra un poste de teléfono.

Él resultó ileso, pero el automóvil requirió «cuidados intensivos».

—Me sentí muy mal y como un estúpido —me contó—, pero mi padre estaba furioso. Olió mi aliento para ver si estaba alcoholizado y me escudriñó la camisa para ver si tenía marihuana. Le pidió a la policía que me hiciera la prueba de alcoholemia. Aunque no había consumido nada, me sentí muy avergonzado. Se pasó la noche gritando: "¿Cómo pudiste hacerme esto?".

—¿Qué le respondiste?

—Esa noche no dije nada. Quiero mucho a mi papá y lo conozco bien. Necesitaba desahogarse. Al regresar de la iglesia, durante el almuerzo, volvió a decirlo, aunque el tono era más sereno. Entonces le respondí: "No fue algo personal, papá. No tenía nada que ver contigo. Estaba distraído y cometí un error, un grave error, pero no lo hice para lastimarte. La estupidez y el descuido fueron *míos*. Esto no tuvo nada que ver contigo".

Después de conversar con mi amigo, fui a dar un largo paseo.

A veces, eliges formas de comunicación muy extrañas, Dios. ¡Realmente extrañas!

Sabía que Dios no había provocado el accidente para darme una lección, pero había aprendido algo a partir de ese episodio. ¿Sería posible que lo que hizo Pauline tuviera muy poco que ver conmigo? ¿Sería posible que obligarme a crecer en un orfanato en lugar de vivir con alguno de mis tíos abuelos ricos no hubiera sido algo personal en mi contra?

Quizá no quería que mi madre nos visitara, o peor aún, que se mudara a Atlanta. Tal vez en su afán de evitar las cosas desagradables, Pauline simplemente fingía que no existían.

¿Sería posible que jamás se hubiera dado cuenta de lo mezquina que era conmigo? Después de todo, suponía que yo vivía en ese mundo de fantasía que había creado en su imaginación. Otra posibilidad es que fuera tan egocéntrica que nunca pensara en cómo me afectaría el asunto a mí.

Era consciente de que las consecuencias de lo que había hecho Pauline siempre serían parte de mi vida, pero ella había muerto y ya no podía hacerme daño. Debía recordar que lo que ella había hecho en el pasado no tenía nada que ver con la persona que yo era en el presente.

En caso de que mi voz interior intentara decirme que el rechazo de Pauline había sido algo personal, mi respuesta sería que lo que sucedió con mi abuela era similar al episodio protagonizado por mi compañero de la universidad. Así como él no provocó el accidente para perjudicar al padre, las acciones de Pauline no estuvieron dirigidas hacia mí. Había pasado muchos años preguntándome qué había hecho mal y en realidad el problema nada tenía que ver conmigo.

Esta comprensión de los hechos no me hacía feliz, pero era un relativo progreso en el camino del perdón. Después de un par de semanas de lucha interior, llegué al punto en que pude orar con franqueza y sinceridad:

«Señor, Pauline me hizo sufrir. Sin embargo, no creo que lo haya hecho adrede. Creo que solo quería evitar complicaciones en su vida. Era egoísta, y debido a su egoísmo hizo sufrir a muchas personas, no solo a mí. Aunque ella nunca lo sabrá, la perdono. Si mi enojo contra ella vuelve a aflorar, ayúdame a perdonarla de nuevo».

Dios respondió mi oración. Me ayudó a liberarme de mi enojo contra Pauline y lo echó tan lejos «como lejos del oriente está el occidente».

Ya perdoné a una; aún faltan dos.

Perdonar a Pauline no fue fácil, pero me sorprendió comprobar que no era imposible.

Perdonar a mi padre sería muchísimo más difícil.

Mi padre

AL COMENZAR MI INTENTO POR comprender a mi padre, lo primero que vino a mi mente fue el episodio de los muebles de casamiento relatado por Gigi. Me pareció ilustrativo del campo de batalla en el que se debatió mi padre.

Un conocido refrán dice que para un hombre su casa es su castillo, sin embargo, por lo general es la esposa la que disfruta decorándola. Pauline al parecer no lo veía de esa manera, de modo que estando a más de mil seiscientos kilómetros (mil millas) de distancia, les preparó según su opinión un magnífico regalo sorpresa de bodas. Sin consultar a su hijo ni a su nuera, contrató a una empresa de mudanza para que retirara los muebles del apartamento de los recién casados y los reemplazara por muebles de caoba muy costosos. El nuevo mobiliario incluía una gran variedad de piezas y también accesorios: un sofá, un sillón, lámparas, lámparas de pie, una mesa de comedor, mesas de café, una cómoda, un tocador, un gran espejo, un escritorio y una enorme cama matrimonial.

Traté de imaginar la expresión de mi padre cuando abrió la puerta y entró al apartamento cargando a su esposa en brazos. ¡Sus muebles habían desaparecido!

Su nuevo hogar había perdido su calidez original y se había transformado en una mansión sureña, según las directivas de otra mujer.

No era difícil imaginar la furia de mi madre. Años más tarde, aún era notorio el desprecio en su voz cada vez que me decía: «Tu padre era un tonto y un débil. Jamás le hizo frente a esa mujer manipuladora».

De inmediato me di cuenta de la encrucijada en que se hallaba mi padre, atrapado entre dos mujeres de temperamento muy fuerte.

Según lo que Gigi y mi madre me habían dicho, mi padre evitaba la confrontación. Supuse que había aprendido a muy temprana edad que era más sencillo ceder ante Pauline que enfrentarla. Sin embargo, años más tarde tuvo que aprender a lidiar con los ataques de furia de mi madre.

Quizá, para calmar a mi madre, intentó decirle que él jamás podría comprar muebles tan caros y que lo mejor era aceptarlos. Por supuesto, a ella no le importaba nada de eso, aunque valieran un millón de dólares. Su enojo se debía a que no toleraba «la presuntuosa actitud de esa mujer que se entrometía en la vida de la pareja».

Y allí estaba él, atrapado entre los reproches de su esposa y la «generosidad» de su madre. Soportar a estas dos mujeres debió ser semejante a vivir atormentado por las arpías que se describen en el *Infierno* de Dante. Mi padre no halló la manera de librarse de sus garras y constantes picotazos.

Mis intentos de averiguar algo sobre el trabajo de mi padre en publicidad resultaron infructuosos. Gigi no conocía a ninguna de las personas con las que él había trabajado, y mi tía Alice no recordaba a ninguno de los amigos de mi padre en Atlanta. De todos modos, es sabido que en publicidad se trabaja bajo una presión constante, así que es probable que mi padre viviera situaciones de estrés a diario.

Mi nacimiento y el estado de ánimo fluctuante de mi madre deben haber incrementado considerablemente la presión.

—En más de una ocasión —me contó Gigi—, tu padre me llamó muy alterado para decirme que al llegar al apartamento te había encontrado en la cuna, con los pañales mojados y llorando de hambre. Tu madre se había ido sin dejar una nota y nadie sabía dónde estaba.

»Algunas veces, Joyce no regresaba en toda la noche, y cuando por fin se aparecía, no daba ninguna explicación ni trataba de justificarse por haberte dejado solo. Actuaba como si todo estuviera bien y montaba una escena si tu pobre padre la interrogaba, así que él dejó de preguntarle. Aunque parezca extraño, el hecho de que tu padre no la enfrentara y le exigiera una explicación hizo que tu madre lo respetara cada vez menos. Ya no veía en él al príncipe azul, sino a un sapo asustado».

Me sorprendió la franqueza de Gigi. Trató de suavizar un poco su relato con la siguiente explicación:

—Siempre pensé que el pobre Robert había comenzado a beber para aliviar la presión que soportaba. A medida que la relación matrimonial se deterioró, la convivencia en el hogar se hizo cada vez más difícil y el alcoholismo de tu padre se agravó. Imagino que esto a la vez generó una nueva dificultad, ya que tenía que ocultarlo en su trabajo. A esa altura, también tu madre bebía mucho e ingería gran cantidad de fármacos. La situación era en extremo complicada, Robby, y yo no pude hacer nada para detenerlos.

Aún no podía decirle «mi pobre padre», pero llegué a sentir pena por él. De todos modos, seguramente pudo haber buscado otras alternativas.

De inmediato surgió otra difícil interrogante. ¿Cómo pudo mi padre dejar a su esposa y su hijo y regresar con su madre, una mujer manipuladora y dominante? Si me hubiera llevado con él, entonces su decisión sería más comprensible.

No obstante, ¿cómo pudo dejarme con mi madre sabiendo que ella no estaba en condiciones de cuidarme?

No hallé respuesta a estas preguntas.

Con respecto a su fallido intento de suicidio, algo había aprendido sobre el tema, porque mientras estudiaba trabajé como voluntario en una línea de emergencia. Nos habían explicado que es común que las personas que intentan suicidarse hablen de verse agobiadas por la desesperación. Se sienten hundidas en la desesperanza, el fracaso y el sinsentido. Muchas piensan que no son amadas ni queridas, y ese sentimiento las oprime y sofoca.

Estos sentimientos tan oscuros y negativos abruman a la persona hasta el extremo de hacerle perder la capacidad de razonar y el instinto de supervivencia. La mayoría de las personas pide ayuda cuando está en problemas, pero la mente y el corazón del presuicida no llegan a dar ese grito de auxilio.

Era doloroso tratar de entender la oscuridad en la que con seguridad se debatió mi padre. Sin embargo, tenía que encontrarle una respuesta a la pregunta que siempre me había perseguido: *¿Cómo pudiste abandonarme?*

Finalmente, una tenue luz comenzó a asomar en el horizonte.

¿Sería posible que, igual que Pauline, las decisiones de mi padre no tuvieran nada que ver conmigo?

Si ahora mi padre pudiera expresarse racionalmente, ¿qué diría? Pensé que tal vez diría algo así: «Hijo, estaba sumido en la desesperanza. Solo me quedaba el instinto de supervivencia, tratar de protegerme física y emocionalmente. Estaba en una depresión tan profunda que perdí la capacidad de razonamiento y no podía pensar en ninguna otra persona».

Es posible que mi padre se distanciara emocionalmente de mí mucho antes de irse de Chicago. Con seguridad la ruina de su carrera y su matrimonio lo hizo sentirse un fracasado. Y su pesar debe haber sido más hondo al tener que reconocer esos fracasos delante de su madre.

Casi podía oír la voz de Pauline cuando mi padre le confesó que su vida estaba arruinada: «Robert, solo quería lo mejor para ti cuando te dije que quizá no debías casarte con Joyce. Si me hubieras escuchado, habrías evitado todos estos problemas».

Nunca pude confirmarlo, pero sospecho que mi padre jamás buscó ayuda. Si lo hizo, la terapia no resultó efectiva. Tampoco sé por qué eligió el sótano de la casa de Pauline para el acto final de la expresión de su dolor. Quizá fue un grito de auxilio, con la esperanza de que alguien lo oyera. Tal vez, de forma consciente o inconsciente, quiso golpear a su madre en su punto más vulnerable, poniéndola en evidencia y avergonzándola ante su círculo de amistades.

No sé por qué mi padre no fue capaz de manejar la presión y ver las cosas en perspectiva. Podría haber buscado un trabajo menos estresante e intentar una terapia de pareja. Podría haber consultado a un médico o consejero. Podría haberle pedido a su hermana Alice o a Gigi, su suegra, que me cuidaran mientras buscaba ayuda para él y su esposa.

Una vez más, estaba en un punto muerto. Necesitaba entender a este hombre para poder perdonarlo sinceramente. Consideré la posibilidad de visitarlo en el hospital psiquiátrico y conocer a ese extraño que tanto había afectado mi vida, aunque no estaba seguro de que ese encuentro resultara positivo.

En una de mis visitas a Atlanta le mencioné el tema a mi tío Arnold.

—Por el cariño que me unía a tu abuelo Mitchell —me explicó mi tío—, visito a tu padre una vez por mes. Debes tener claro que si vas, él no sabrá quién eres. Consulté a los médicos en el hospital sobre tu posible visita y me dijeron que si llegara a reconocer quién eres, podría tener una reacción violenta. No por quién eres, sino porque le recuerdas su vida fracasada.

»Rob, tú me has dicho que no recuerdas nada de tu padre. ¿En qué te ayudará tener como único recuerdo el de un hombre que camina, pero que no puede vestirse, no puede articular una oración completa y usa pañales porque sufre de incontinencia? Haré lo que me pidas. Iré contigo si insistes, ¿pero en realidad quieres esta imagen de tu padre como recuerdo?

Pensé mucho en el consejo de tío Arnold. Finalmente, estuve de acuerdo en que era preferible no tener ninguna representación mental de mi padre que tener esta imagen que describía mi tío.

Cuando hablé con Dios sobre todo esto, le manifesté toda mi frustración. *¿Quieres que perdone a un hombre que no conozco, a quien no logro comprender y al que nunca conocí verdaderamente? Primero necesito entender algo de toda esta situación.*

Después de debatirme con estas cuestiones unos días más, llegué a la misma conclusión que en el caso de Pauline: la decisión de mi padre de dejarnos y su intento de suicidio no tuvieron nada que ver conmigo.

Con todo, aun si acepto esta explicación de los hechos, le dije a Dios, *no me ayuda mucho. Se supone que un padre debe amar a su hijo, debe sostener y fortalecer a su familia. Un padre debe proteger, defender y ser modelo para sus hijos. Él es quien debe enseñarle al hijo varón a afeitarse, ser trabajador y entender a las mujeres. ¿Cómo pudo irse de casa?*

Sabía que había millones de personas en el mundo que podían decir lo mismo de sus padres, pero ese dato no me traía ningún consuelo.

Esta lucha interior dio un giro inesperado un día mientras trabajaba con un grupo de jóvenes que querían ser salvavidas.

Cuando el grupo estaba en la parte honda de la piscina, manteniéndose a flote en posición vertical, les expliqué lo siguiente:

—Si la víctima no se tranquiliza y sigue dando manotazos, respiren hondo, sumérjanse y sujétenle las piernas con ambas manos. Giren a la víctima de modo que quede de espaldas a ustedes y luego sujétenla con firmeza cada vez más arriba.

»Esto les permitirá controlar a la víctima a la vez que le da una sensación de estar sostenida. Una vez que la tienen bajo control, salgan a la superficie, pero no dejen de sostenerla con fuerza. Pasen el brazo derecho por sobre el hombro derecho de la víctima, crúcenlo delante del pecho y calcen su mano bajo la axila izquierda de la persona. Esto calma de inmediato a la mayoría de las víctimas en estado de pánico».

Hice una demostración con un alumno, y luego todos repitieron la rutina.

—Ahora viene la parte difícil —les advertí—. No todas las víctimas son pasivas, y yo voy a representar a una que no lo es. Cada uno de ustedes lo intentará una vez, y luego repetiremos toda la serie.

Uno por uno intentó rescatarme mientras yo pataleaba, daba manotazos en el agua, me apoyaba sobre sus cabezas y los hundía. Al finalizar la práctica, los jóvenes estaban desconcertados y agotados, y tanto los varones como las mujeres me miraban como si hubiera perdido la razón.

—¡Casi me mata! —exclamó uno de ellos con la respiración entrecortada.

—¡Se suponía que yo iba a salvarlo! —protestó otro.

—Pensé que me moría —dijo un tercero.

Les expliqué que así actúa una víctima en estado de pánico.

—No actúan de manera racional y no reconocen al que los está ayudando.

—Pero, Rob —se quejó un estudiante—, ¡pudimos ahogarnos los dos!

Eso era precisamente lo que quería enseñarles:

—Nunca, nunca, olviden la regla —les expliqué—. Es preferible que se ahogue una persona antes que dos.

Y luego agregué:

—No pueden salvar a alguien que no desea ser salvado.

Más tarde, mientras me duchaba solo en los vestidores, me di cuenta de que eso se aplicaba a mi vida.

Quizá mi padre tuvo que desprenderse de mí mientras trataba de salvarse. Quizá llegó a la conclusión de que si no podía salvarse a sí mismo, tampoco podría salvarme a mí. Tal vez confió en que la vida le sería favorable a su pequeño y encontraría un lugar seguro y tranquilo donde refugiarse.

Lamenté las decisiones de mi padre y el hecho de que hubiera sido tan débil y manipulable, pero sabía que mi dolor no cambiaría el pasado. Si deseaba seguir adelante, debía perdonar de corazón a un hombre que no tenía la capacidad mental suficiente para entender lo que ese perdón significaba.

Bajo la ducha de los vestidores, recordé con gratitud aquel viaje en ómnibus durante el cual el Creador del universo me hizo saber con claridad que deseaba adoptarme. Sentí que estaba parado bajo una lluvia sanadora, y con absoluta serenidad me liberé del resentimiento que albergaba contra mi padre. Tuve la sensación de que el agua se llevaba parte de la «suciedad» de mi niñez.

Respiré hondo y luego di un suspiro de alivio.

Perdoné a dos, solo resta una.

Perdonar a mi madre sería la parte más difícil de todo este proceso.

[27]

Mi madre

TRATAR DE ENTENDER A MI madre era como sumergirse en una obra de Salvador Dalí envuelta en una pesadilla kafkiana.

Por momentos me parecía posible comprenderla. Luego surgía otro recuerdo desagradable y esa relativa comprensión se desvanecía, encontrándome de nuevo en el punto de partida.

¿Cómo podré perdonar a la mujer que representa todo lo malo de mi niñez si no logro establecer una imagen suya el tiempo suficiente para llegar a conocerla?

De niño, su comportamiento me desconcertaba y nunca sabía cómo actuar en su presencia. De joven, supe que la sociedad y la Biblia enseñan que uno debe respetar a sus padres. *Sin embargo, ¿cómo se puede respetar a una madre que me secuestró, me alejó de mi abuela Gigi, y luego se presentó ebria y dando tumbos en la ceremonia de graduación de la escuela secundaria?*

Recordaba una temporada en la que mi madre vivió un breve período de estabilidad. Aquel verano, Gigi y yo almorzamos con ella en el centro. Era una mujer muy atractiva; su figura era esbelta y vestía ropa elegante. Cuando salió del edificio donde trabajaba, los hombres volvieron la cabeza para mirarla. En ese momento un destello de orgullo y esperanza brilló en mi corazón.

No obstante, su estabilidad duró lo que un muñeco de nieve en el deshielo de primavera. Mi madre acabó internada en una nueva institución y más tarde en la calle.

Los sucesivos tratamientos con electrochoques y toda clase de fármacos no produjeron ninguna mejoría. Cuando le dieron el alta, volvió a consumir alcohol y dejó de tomar los medicamentos.

Durante mi adolescencia, los consejeros del Hogar me alentaban a adoptar una actitud de comprensión hacia mi madre, dado que su conducta era consecuencia de su enfermedad mental. Sin embargo, después de tantos años de confusión y desconcierto, mostrarme comprensivo era exigirme demasiado.

El mayor obstáculo para poder perdonar a mi madre fue su decisión de dejarme en un orfanato, en especial cuando me enteré de que tuvo otra opción. Un capellán del hospital trató de convencerla de que le pidiera a Gigi que me cuidara hasta que ella pudiera hacerse cargo de mí nuevamente. Con todo, mi madre no quiso saber nada de esa propuesta, aduciendo que Gigi era una señora de «clase alta» que no querría ocuparse de mí.

Por más que lo intenté, no logré entender una decisión tan cruel y perversa.

En aquel entonces, cuando veía a mi madre, lo hacía a regañadientes. Había ingresado a otra casa de rehabilitación social el verano anterior, próxima al sombrío edificio donde nos habían detenido muchos años atrás. En ocasiones, a pedido de Gigi, me imponía la obligación de hacerle una breve visita.

Al llegar al centro, una recepcionista atendía a las visitas detrás de un cristal a prueba de balas y solo las dejaba entrar después de que mostraran su identificación. Mi madre odiaba estas formalidades.

—Tengo más de cincuenta años y me tratan como si fuera una niña —se quejaba—. El personal actúa como si fueran cuidadores de un zoológico. Es obvio que están convencidos de que ninguno de nosotros alguna vez podrá vivir solo. Nos enloquecen con infinidad de reglas para todo.

En su habitación apenas había lugar para una cama individual, un tocador y una silla. El personal insistía en que tendiera su cama cada mañana antes de desayunar, además de asignarle una cantidad de tareas que debía realizar durante el resto del día. Le daban puntos por cada cosa que hacía, y la recompensa era más dinero para sus gastos. Me pareció que era un buen lugar para ella. Al menos allí estaba a salvo del mal rato que había sufrido en las calles.

Durante un par de horas, nos sentábamos en una cafetería cercana y comíamos algo juntos. Como la veía contar las monedas para pagar la cuenta, siempre ordenaba lo más barato del menú y solo tomaba agua.

A veces conversaba de manera coherente, pero en un segundo la conversación podía dar un giro extraño. Me contó que había estado en la calle, sufrió hambre, la habían golpeado y asaltado. Me pregunté si alguna vez se habría prostituido, pero ella nunca lo dijo y yo nunca le pregunté.

En ocasiones, tergiversaba sus limitados conocimientos bíblicos y los convertía en profecías personales. Un día me habló sobre mi futura esposa:

—Oro todos los días para que encuentres a la mujer apropiada, Robby. No olvides traerla y presentármela. No cometas ninguna tontería hasta que yo te diga que es una buena mujer para ti.

¡Sí, cómo no!, pensé. *Eso es exactamente lo que no pienso hacer.*

Una noche, mientras pensaba en ella y trataba de entenderla, recordé la estación lluviosa en África. Las nubes de tormenta parecían estar suspendidas sobre la tierra, y los relámpagos eran muy potentes y frecuentes. El suelo debajo de mi choza parecía sacudirse, y yo sentía el impulso de refugiarme en un lugar más seguro.

Se me ocurrió pensar que así era la mente de mi madre, siempre sacudida por una tormenta de ideas y sentimientos. Nunca supe cuál era su diagnóstico oficial: ¿Paranoica? ¿Esquizofrénica? ¿Maníaco-depresiva? ¿Una combinación de todo esto o quizá algún otro trastorno? Fuera cual fuera el diagnóstico, lo cierto es que su vida era una pesadilla que combinaba la depresión, el alcoholismo, el resentimiento, la ira y la confusión.

Mis sentimientos se alternaban entre sentir pena y estar furioso con ella. Sin embargo, una cosa no había cambiado: ¡Quería mantenerla lo más alejada de mi vida! El simple hecho de tener que lidiar con ella me revolvía el estómago.

Querrá venir a mi boda cuando me case. ¿Qué voy a hacer? ¿Cómo evitar que se entere? Si se entera de que no la invité, quién sabe lo que sería capaz de hacer. Si llegara a conocer a mi esposa, quién sabe qué clase de comentarios le haría.

Sin embargo, no debía olvidar que mi madre no tenía nada de dinero. La única manera de llegar a Greensboro sería haciendo autoestop, algo que ya no estaba en condiciones de practicar a su edad.

No obstante, la preocupación persistía. *Si me caso, sería típico de ella idear algún plan ridículo y anunciar que podría venir a vivir con nosotros para que pudiera cuidarla. Si en realidad la perdono, ¿qué haré ante una situación así? ¿Y qué pasará con mis hijos? ¿Tendré que ocultarlos de su abuela porque es una enferma psiquiátrica? ¿Tendré que decirles que es una persona inestable y vive en una casa de rehabilitación? ¡No deberían verla ni estar en contacto con ella!*

Sabía que mi madre no era mala, sino una persona enferma. Por momentos sentía pena por ella, atrapada en un sinfín de problemas de los que parecía no haber esperanza de liberarse. En otros momentos, recordaba el enorme sufrimiento que me causó en mi niñez y entonces mi mirada se volvía mucho más dura.

En el proceso de perdonar a Pauline y a mi padre había chocado contra algunos muros, pero el esfuerzo por comprender a mi madre resultó mucho peor. No lograba desentrañar el caos que reinaba en el corazón, el alma y la mente de Joyce Mitchell. Lo mejor que podía hacer era verla como una víctima que a veces luchaba por salir de la oscuridad de su enfermedad mental, solo para volver a caer en ella.

No obstante, ¿sería esto suficiente? El quinto mandamiento: «Honra a tu padre y a tu madre», seguía incomodándome. *¿Cómo podré hacerlo? ¿Cómo haré para honrar a alguien que no ha hecho nada para merecerlo?*

Después de largas horas de debatirme con estos pensamientos, llegué a una conclusión difícil de aceptar. En cierto sentido, Joyce Mitchell había renunciado a su derecho a ser mi madre.

Me había dado la vida, pero no había completado la tarea. Las madres deben amar y cuidar a sus hijos, y hasta donde yo recordaba, ella no lo había hecho.

Finalmente decidí que lo único que podía hacer para honrar a la mujer que me había traído al mundo era perdonarla. Había llegado la hora de liberarme de mi resentimiento. Ya era tiempo de seguir adelante sin juzgar si ella había sido o no responsable de sus actos.

Sin embargo, tomar la decisión de perdonar y actuar en consecuencia no era la misma cosa. Según la razón, sabía que perdonarla era un paso fundamental en mi proceso de curación, pero en cuanto a mis emociones, no lograba que mi corazón respondiera por mucho que me esforzaba.

¿Cómo haré para perdonarla?, le preguntaba a Dios en oración. *¿Cómo podré perdonar a una persona que me ha lastimado, avergonzado y maltratado?*

El silencio me resultó familiar.

Esta lucha alcanzó su punto culminante un domingo por la tarde. Padecía de úlcera, y había llegado al extremo de tomar los antiácidos directamente de la botella. Ese día, justo cuando se acabó el frasco de medicamentos, los síntomas de la úlcera se agudizaron. Fui a la farmacia próxima al campus, pero estaba cerrada. Regresé a mi cuarto arrastrando los pies y agarrándome el estómago con ambas manos.

Mi compañero se había ido durante el fin de semana. Me senté en el borde de la cama, me incliné hacia delante, pensando que en ese momento la muerte sería bien recibida, y tomé la Biblia. «Por favor, ayúdame», oré.

Abrí la Biblia al azar y allí estaba el texto: «Depositen en él toda ansiedad, porque él cuida de ustedes».

Conocía ese versículo, pero ahora parecía enviado para atender mi necesidad en ese preciso momento. Lentamente, me dejé caer de rodillas y me entregué.

Entrego todo en tus manos, Señor. Todo lo dejo en tus manos: la ansiedad, las heridas, el sufrimiento. Aún no logro perdonarla, pero te entrego a ti mi enojo hacia mi madre. Tómalo, Señor, por favor tómalo.

Permanecí arrodillado durante un tiempo que me pareció una eternidad. Finalmente, encontré la fuerza para ponerme de pie y sentarme en el borde de la cama. En menos de una hora, el dolor de la úlcera había desaparecido y me quedé profundamente dormido. Al amanecer del día lunes, seguía sin dolor. Dos semanas más tarde, no tuve dudas de que la úlcera había desaparecido. Otro tanto podía decir de la ansiedad, el dolor y el enojo que durante tanto tiempo había albergado.

Cerca de tres semanas después de aquel domingo, me hice la pregunta: *¿Ahora estás listo, Rob? ¿Estás preparado para perdonar a tu madre?*

A pesar de que persistían algunas punzadas de ansiedad y una sensación extraña en el estómago, Dios me había demostrado que no había nada que él no pudiera manejar. De modo que oré en voz alta: «No quiero que esto sea una mentira. No aspiro a engañarme a mí mismo. Si te pido que me ayudes a perdonar a mi madre, quiero que por lo menos mi deseo de perdonarla sea absolutamente sincero».

Le pedí a Dios que me permitiera experimentar una sensación de paz con relación a este tema como señal de que en realidad estaba preparado. En el transcurso de la semana siguiente me sentí en paz tanto mental como emocionalmente, y supe que el tiempo había llegado.

Tenía veintidós años de edad cuando me puse de rodillas y le pedí a Dios que me ayudara a perdonar a mi madre.

Habían pasado tres meses desde que iniciara el camino para perdonar a Pauline y a mis padres. Seguramente este no era el final del recorrido, pero sabía que mis heridas ya no supuraban y algún día sanarían, aunque quedaran cicatrices.

Al tomar la decisión de no ser una víctima paralizada por los traumas de mi niñez, me sentí libre al fin, como si me hubieran quitado las pesadas cadenas que me sujetaban. Ahora era libre para seguir el curso de mi vida sin importar a dónde me llevara.

Sin embargo, sabía lo que quería. Nunca había abandonado mi búsqueda de una familia real y verdadera.

Y solo lo podría lograr con la ayuda de una esposa que viera más allá de mi pasado, siempre y cuando pudiera hallarla.

Los niños perdidos

No HABÍA CANDIDATAS A LA vista para el puesto de Sra. Mitchell, de modo que esa fase de la búsqueda de una familia tendría que esperar. Sin embargo, mientras cursaba el último año de mi carrera tuve la oportunidad de averiguar si me relacionaba bien con los niños.

En realidad, no se trataba de cualquier niño, sino de niños abandonados. En tercer año, había colaborado como líder del grupo de jóvenes en una iglesia próxima al campus, y en mi último año me ofrecí como voluntario en el Hogar Nat Green, un centro para adolescentes conflictivos en las afueras de Greensboro, ya que tenía la impresión de que podría ayudar. Al poco tiempo me invitaron a dirigir un grupo de estudio bíblico y reflexión los lunes por la noche.

En el Hogar vivían dos supervisores y ocho adolescentes, golpeados y amargados por la vida. Los «internos» eran como los muchachos con los que yo había crecido. Sus problemas me resultaban muy familiares.

En muy poco tiempo, me pusieron a prueba.

—¿Quién te crees que eres? —me soltó uno de doce años, de aspecto rudo, parándose justo frente a mí y fulminándome con la mirada:

—¡No sabes nada de nosotros ni de dónde venimos!

Lo tomé de la camisa con el puño cerrado, lo levanté, despegándolo del piso, y lo aprisioné contra la pared. Mientras me miraba con ojos que se salían de sus órbitas, le dije con voz calmada:

—Y tú no tienes la más mínima noción sobre de dónde vengo yo. Ahora siéntate y escucha.

Lo senté en una silla mientras él no me quitaba los ojos de encima. El resto permaneció en silencio. Parecían algo confundidos por el método que había usado con su autoproclamado líder.

—Bien, veo que ahora tengo toda su atención. Están en todo su derecho de creer que ningún adulto los entiende. Seguramente tienen razón. La mayoría de las personas siente pena por ustedes, pero no entienden cómo se sienten porque nunca padecieron lo mismo que ustedes padecen.

»No obstante, yo sí los entiendo porque mi vida fue igual a la de ustedes. Me abandonaron cuando tenía tres años y me dejaron en un orfanato donde pasé los siguientes catorce años de mi infancia. Cuando cumplí diecisiete me despidieron con un boleto de ida hacia donde quisiera, y desde entonces me las he arreglado por mi cuenta.

Ocho pares de ojos me miraron asombrados. Nadie dijo una palabra.

—¡Les aseguro que yo los entiendo!

Pasado el primer momento de desconcierto, el grupo me hizo toda clase de preguntas.

—¿Dónde vivías?

—En Illinois.

—¿Te dejaron a los tres años?

—Sí.

—¿Qué pasó?

—Mi padre nos abandonó y luego se pegó un tiro en la cabeza.

—Al mío lo mataron en una pelea por drogas. ¿Tu papá se murió?

—No, pero se lesionó el cerebro. Está internado en un hospital para enfermos mentales y nunca saldrá.

—Mi padre está en la cárcel y le faltan diez años para salir. A veces lo visito, pero a él no le importa. ¿Vas a visitar a tu papá?

—No, no lo visito, ni siquiera sabe quién soy.

—¿Y tu mamá? ¿Dónde está?

—Vive en la calle, en la ciudad de Chicago. Entra y sale de refugios y albergues transitorios.

—La mía es alcohólica.

—¿No tienes una abuela que te cuide?

—Tengo abuela, y es muy buena, pero es pobre y anciana. Vive en Chicago.

—Mi abuela me cuida, salvo cuando me meto en problemas. Entonces me envía a lugares como este. Este es mejor que otros lugares que conocí. ¿Tienes hermanos o hermanas?

—No, soy hijo único.

—Mi hermano murió, y mis hermanas ya están casadas, con hijos.

Ninguno contó su historia con detalles, pero todos querían información sobre mi propia historia. Respondí sus preguntas sin presionarlos para que hablaran sobre ellos. Sabía que pasaría un tiempo antes de que confiaran en mí.

Al cabo de algunas semanas se sinceraron al reconocerme como uno de ellos. Hablamos sobre cómo me sentía a su edad y de qué modo enfrentaba la soledad, la rabia y los problemas personales. Necesitaban con desesperación recibir guía y consejo.

Por mi parte, siempre había evitado hablar sobre mi niñez con las personas «normales» porque consideraba que era diferente. En cambio, en este lugar, me sentía cómodo.

Para estos muchachos, conocer a alguien que había pasado catorce años dentro del «sistema» y seguía vivo, no estaba en prisión y le faltaba poco para graduarse de la universidad, les infundía la esperanza de que quizá ellos también pudieran lograrlo. Comencé a pensar que al compartir mi historia podría ayudar a otros que se sentían abandonados, solos o rechazados, personas enojadas que pensaban que nadie las amaba. Durante ese año que trabajé como voluntario, varios muchachos asumieron un compromiso de fe y se comprometieron a encaminar su vida para bien.

Casi sin darme cuenta, se aproximaba la culminación de una etapa fundamental en mi propia vida, algo que yo mismo había dudado que pudiera ocurrir: iba a graduarme de la universidad.

Recordaba las épocas en las que pensaba que no llegaría siquiera a inscribirme. Muchos adultos en el Hogar me habían dicho que solo dos muchachos se habían graduado de la universidad en un lapso de veinte años, tal vez más.

De la manera en que lo veía, el diploma no era solo para mí. Además era para Gigi, que siempre había confiado en mí, y para los muchachos y las chicas del Hogar, que necesitaban ver que alguien como ellos también podía conseguir un título.

La graduación llegó un hermoso día de primavera en 1977. Allí sentado, con el diploma en la mano, las emociones se sucedían vertiginosamente, y fue difícil contener las lágrimas.

No lloraba por mí. Lloraba por todos los niños abandonados que no habían llegado hasta allí, y por todos aquellos que aún tenían posibilidades de lograrlo.

Señor, oré, *ayúdame a animar a otros que luchan por superar las heridas de su pasado.*

No sabía cómo podría lograrlo. No tenía idea de qué me deparaba el futuro. Me interesaba ingresar al seminario, pero no había ahorrado suficiente dinero. No obstante, confiaba en poder realizar un viaje a través de los Estados Unidos, una especie de safari estadounidense.

A fin de juntar dinero para el viaje, conseguí trabajo en una papelera. Alquilé una habitación económica en la casa de una señora viuda, en las afueras de la ciudad. Desde mi nuevo lugar de residencia hasta la papelera recorría unos cuarenta y ocho kilómetros (treinta millas) entre ida y vuelta. Mis compañeros pensaban que estaba loco porque cuando hacía buen tiempo iba en bicicleta para ahorrar gasolina.

Me sentía muy bien porque al fin había logrado superar mi infancia. Por momentos me preguntaba si no estaba haciendo demasiadas cosas (el trabajo con el grupo de jóvenes de la iglesia y también con los muchachos en el Hogar Nat Green) para probarme a mí mismo y al resto del mundo que no era simplemente un muchacho salido del orfanato.

No imaginé en aquel momento que estaba a punto de conocer a alguien que podría ayudarme a encontrar lo que siempre había anhelado, a menos que yo lo echara todo a perder.

El encuentro con Susan

POCOS MESES DESPUÉS DE LA graduación, mi amigo David me invitó a regresar al campus para visitar al grupo de estudio bíblico que dirigí durante los últimos dos años. Una extraña nevada de octubre casi me impide ir, pero en el momento final decidí asistir.

Mientras, en otra universidad, en el otro extremo de la ciudad, la novia de David, Annette, había convencido a dos amigas para que fueran a Guilford a jugar en la nieve con David y otros compañeros de fútbol. Cuando se presentaron sin anunciarse en su habitación, David las saludó y les dijo que se divertirían, pero después del estudio bíblico. Las tres muchachas, que eran cristianas, decidieron asistir. Cuando llegué a la reunión, me quedé con la boca abierta. A los veintitrés años, se me cortó el aliento.

Delante de mis ojos estaba la mujer más hermosa del mundo. Su cabello rubio brillaba y le caía hasta la cintura, resaltando una figura que era la envidia de cualquier mujer. El corazón me latía con fuerza. Quedé loco por ella.

Me resultó difícil concentrarme en el estudio bíblico durante la siguiente hora. *Dios, ayúdame*, oraba mi «nuevo» yo. *Si pudiera relacionarme con ella y que esté libre de compromisos. Ayúdame a causar una buena primera impresión y a mantener mis pensamientos puros como tú lo quieres.*

El «viejo» yo solo atinaba a pensar: *¡A la carga! ¡Este sabueso se dispone a cazar!*

Terminamos el estudio bíblico con una oración y saludé a muchos de mis antiguos compañeros. Luego me acerqué a Annette y sus amigas. Abracé a Annette y me presentó a Phyllis, luego giré el rostro para saludar a la hermosa rubia.

El caos interior que me embargaba me impedía esbozar cualquier pensamiento racional. No estaba seguro de lo que podría llegar a decir.

Ella me extendió su mano, con la habitual cortesía de una dama sureña, y dijo:

—Hola, me llamo Susan.

Cuando finalmente me di cuenta de que intentaba liberar su mano de la mía, me resultó evidente que la había sostenido demasiado tiempo. Mi saludo, en cambio, fue brillante:

—¿Así que ustedes van a la misma universidad que Annette?

Susan me dirigió una mirada inquisitiva, pero respondió:

—Sí, Annette y yo estudiamos diseño de interiores.

—¡Ah! ¿Y eso qué es?

No podía creer que se me hubiera escapado esa pregunta. *¡Cierra la boca! ¡Deja de hablar!*

—Es la planificación del espacio para áreas residenciales y comerciales —respondió.

Bien merecido, por tonto, me reprendí. *Te responde con frases escuetas. ¡Vamos! Actúa de forma adecuada.*

Susan tomó la iniciativa del interrogatorio.

—Y tú, Rob, ¿qué estudias?

—Me gradué en la primavera y voy a seguir estudios de teología.

Sabía que con eso le daría una buena impresión.

—Ah. ¿En qué denominación?

Como no sabía cuál era la respuesta correcta, respondí:

—Cristiana.

Creo que peor impresión no podría haber dado.

—Ha sido un gusto conocerte —dijo Susan amablemente—. Tenemos que marcharnos.

Dio media vuelta y se fue con Annette y Phyllis, quienes cruzaron miradas.

Deseaba ir tras ella, pero no me moví. Quería gritarle: «¡Espérame!», pero no dije nada.

David se reía por lo bajo mientras las acompañó para despedirlas. No me animé a seguirlas. El lenguaje corporal de Susan parecía decirme que mi interés no era correspondido. Sin embargo, ella no sabía a quién se enfrentaba.

Esta mujer tenía algo especial. No era solo su belleza extraordinaria. No estaba seguro de si mi determinación era producto de mi ego, la lascivia o una motivación más profunda, pero comencé a planificar mi siguiente paso.

Como Susan y Annette vivían en el mismo edificio de dormitorios, le pedí a David que me diera el número del teléfono más cercano a la habitación de Susan. También le supliqué que no le dijera a Susan que él me había dado su número telefónico. Quería tener la oportunidad de invitarla a salir antes de que me descartara definitivamente.

Durante tres semanas, llamé varias veces al dormitorio de Susan. Nunca dejaba mi nombre por temor a que no atendiera la llamada si sabía quién la llamaba.

Por fin, una tarde logré encontrarla. Cuando escuché su voz, apenas podía hablar. Al final balbucee:

—Susan, soy Rob, el amigo de David. Nos conocimos hace unas semanas, en un estudio bíblico.

—Sí, me acuerdo —me respondió con amabilidad, pero sin entusiasmo.

—Estoy seguro de que no di una buena impresión —dije, mientras repetía el parlamento que había practicado—, pero realmente me gustaría tener la oportunidad de encontrarnos con más tranquilidad para que podamos conocernos. ¿Te parece que podríamos ir a ver una película o algo así, ir al cine o algún otro lugar cuando puedas, la semana que viene o la otra?

Estaba preparado para un rechazo. Contuve la respiración.

—Mientras sea algo tranquilo, está bien.

¡Sí!, exclamé exultante. Luego me dije a mí mismo: *Cálmate. Contrólate. Sé breve. Nada de discursos largos que solo acabarán por arruinar esta oportunidad.*

—¡Bien! —contesté con un décimo de la intensidad que sentía.

Después de concertar un día en que ambos podíamos reunirnos, colgué. Quedé anonadado. Me eché hacia atrás sin poderlo creer. Sentía que mis piernas eran como gelatina.

Cuando pasé a buscar a Susan en la noche de nuestra primera cita, advertí la mirada de incertidumbre que cruzó por su rostro cuando vio mi automóvil.

Hacía unos meses que había pagado trescientos dólares por mi primer vehículo: una camioneta Ford Fairlane de los sesenta. La chapa estaba oxidada, pero el motor y la caja de cambios funcionaban de maravilla. Había tenido que retirar el panel interior de la puerta y colocar una madera gruesa para aguantar el vidrio de la ventanilla del acompañante. El piso estaba tan oxidado en algunas partes que se podía ver el pavimento debajo de los pies. Una plancha de madera impedía que me cayera. Los asientos de tapizado sintético estaban gastados. Como todavía no eran obligatorios, la camioneta no contaba con cinturones de seguridad.

En un concurso que hicieron para buscar un nombre adecuado, los chicos de mi grupo de jóvenes le habían puesto a mi cachivache el apodo de «la Camioneta Maravilla», porque era un milagro que todavía anduviera.

Susan no quedó nada maravillada con mi vehículo. No se trataba de que tuviera gustos caros, pues su padre era un pastor metodista, sino de que mi antigüedad sobre ruedas no parecía nada segura.

Después de abrir la portezuela para que entrara, asumió lo que podríamos llamar una «posición defensiva»: con la espalda contra la puerta del acompañante y de frente a mí en vez de mirar hacia delante. Mientras conducíamos, pregunté:

—Esta es la calle del cine, ¿no?

—Tendrías que haber girado hace unas cuadras atrás.

—Ya me parecía.

Bueno, no viene ningún auto ahora. Supongo que no habrá problema si hago una maniobra y doy vuelta aquí mismo. Sin avisarle, disminuí un poco la velocidad y di un giro brusco a la izquierda.

Susan se resbaló del asiento, se dio contra la puerta del acompañante y acabó de traste en el piso, con sus piernas en el aire. No fue nada divertido. Estaba horrorizada. Yo también.

Me sentí como si estuviera de nuevo en el dormitorio de los más pequeños. Acerqué el auto al cordón de la vereda, la ayudé a incorporarse y le pedí perdón varias veces. Sentía que el sudor me corría por la frente y las axilas mientras esperaba que me dijera que no la llamara nunca más.

En cambio, me dijo:

—No es nada, Rob. Vamos al cine a ver si podemos llegar a la función.

Disfrutamos la película, pero después de la función la llevé de inmediato a los dormitorios. No deseaba arriesgarme y cometer otra tontería. Tampoco intenté besarla para despedirme.

Increíblemente, aceptó salir conmigo otra vez y resultó mucho mejor. Fuimos a mi habitación y nos quedamos conversando largo rato. Después tomé mi guitarra y cantamos.

Mientras la acompañaba al auto, ella se detuvo para mirar las hermosas estrellas que brillaban en el campo. La atraje hacia mí, la envolví con mis brazos y le dije:

—¿Sabes una cosa? Encajas perfectamente entre mis brazos.

Parecía una frase preparada, pero de verdad parecíamos encajar. Después de un beso ligero, la llevé a su casa. Todo marchaba bien, la relación prometía, pensé.

Sin embargo, pronto descubrí que mi pasado complicaría mucho las cosas.

La tarde del día en que habíamos acordado salir por tercera vez, regresé a casa del trabajo con la idea de darme una ducha y cambiarme de ropa. Acababa de cerrar la puerta de entrada cuando la dueña de la casa donde alquilaba la habitación vino corriendo desde la cocina.

—Espera un poco, Rob. Tengo que decirte algo.

Yo ya estaba subiendo la escalera de dos en dos y le dije por encima del hombro:

—No puedo, ahora. Tengo una cita con Susan y se me hace tarde. ¿No podríamos dejarlo para mañana?

—No, Rob —me dijo con firmeza—. No podemos.

Me detuve en seco.

—No sé cómo decírtelo, Rob… —bajó los ojos y su voz se hizo apenas audible—. Recibí una llamada esta mañana. Lo lamento mucho, pero falleció tu madre.

Vacilé. Cuando finalmente recobré el habla, lo que dije transmitía una falta de emoción difícil de comprender.

—Hay… muchas cosas de mi infancia que usted no sabe —expliqué con cuidado—. Me crié en un orfanato, no con mis padres. Es una historia muy complicada. Le prometo que mañana le contaré más. Hasta entonces, no piense que soy una especie de monstruo si no siento pena por la muerte de mi madre. No fue una buena madre.

La casera quedó sorprendida con mi respuesta, pero al parecer se dio cuenta de que debía tener mis razones para sentirme como me sentía. Asintió, dio media vuelta y regresó a la cocina.

Me cambié de ropa y me dirigí a buscar a Susan. Fuimos a un concierto. Sentados el uno junto al otro, no encontraba el valor para decirle que mi madre había muerto. Sabía que Susan era una persona muy sensible. Sin embargo, no me sentía lo suficiente libre para compartir esa noticia con ella. *¿Cómo puedo explicarle que no me importa que mi madre se haya muerto?*, pensé. *¿Cómo puedo decirle a Susan que en realidad lo que siento es alivio?*

Sabía que Susan amaba a su familia. También sabía que si alguien de su familia acabara de morir, ella no estaría sentada en un concierto. Estaría llorando y haciendo arreglos para regresar a su casa. ¿Cómo podría explicarle mi respuesta aparentemente fría sin contarle todo lo demás?

Como no estaba listo para correr el riesgo de lo que podría suceder si lo hacía, preferí no decir nada. Cuando terminó el concierto, me disculpé por estar tan callado. Le sugerí que nos despidiéramos temprano.

—Créeme —intenté tranquilizarla—, esto no tiene nada que ver contigo ni con nuestra relación. Es solo que no me encuentro muy bien y no quiero entristecerte. Te llamaré mañana.

Me miró extrañada, pero lo aceptó sin más preguntas. Cuando regresé a casa, tuve tiempo de reflexionar.

Joyce Mitchell se había ido. Para ser sincero, me sentía aliviado. Después de perdonarla, la visité dos veces. Por desgracia, ella no había estado lo suficiente lúcida para decirle que la había perdonado.

No me alegraba de su fallecimiento, pero tampoco estaba triste. Al fin se encontraba libre de la terrible miseria en que había vivido durante cincuenta y cuatro años. No estoy en condiciones de saber cómo Dios juzgará a una persona con una enfermedad mental, pero espero que su alma al fin descanse en paz.

A la mañana siguiente, hablé con Gigi por teléfono. Cuando le pregunté si deseaba que fuera a Chicago, me dijo:

—No, Robby. La gente del refugio preparó un servicio en su memoria y enterrarán a Joyce en el cementerio de los indigentes. No me siento con fuerzas para asistir, y todas sus viejas amistades hace años que perdieron contacto con ella. Me quedaré en casa y oraré durante la hora del servicio. Es todo lo que puedo hacer por mi pobre hija.

Estoy agradecido de que Gigi me permitiera enfrentar el fallecimiento de mi madre sin tener que volar a Chicago y fingir una emoción que distaba mucho de sentir.

No obstante, los días pasaron y aún no sabía cómo decírselo a Susan.

Además, había comenzado a darme cuenta de otra verdad inquietante: Debido a mi pasado, no tenía idea de cómo tener una relación adulta y en serio con una mujer.

El noviazgo

SUSAN Y YO ALTERNÁBAMOS ENTRE el entusiasmo y el enfriamiento. Nos sentíamos muy unidos y las esperanzas renacían; luego uno o ambos nos sentíamos incómodos y nos retraíamos. Las separaciones nunca duraban más de dos o tres semanas. Al final, ella o yo hacíamos una llamada y volvíamos a salir.

No contaba con adultos que me aconsejaran cómo navegar por estos mares desconocidos, salvo las parejas de los viejos programas de televisión, como *Ozzie & Harriet*, *Father Knows Best* y *Leave It to Beaver*. Estas parejas parecían perfectas, bastándoles media hora para encontrar una solución a todos sus problemas. Ya habían pasado por las etapas trabajosas del noviazgo, el casamiento y los bebés.

Quería terminar con una familia como la que ellos tenían, solo que no sabía qué camino recorrer para llegar a tenerla.

Eso resultó obvio cuando un día le dije a Susan:

—No sé cómo me sentiré después de terminar el safari por los Estados Unidos que pienso hacer este verano.

Su respuesta me desconcertó.

—Y yo no sé si vale la pena seguir manteniendo esta relación o es mejor terminarla. Como pareja, tenemos mucho más futuro del que tú estás dispuesto a reconocer. Pero no estoy segura de querer esperar a que finalmente decidas qué vamos a hacer.

Como no estaba seguro de qué responder, cambié de tema. ¿Cómo explicarle que no deseaba terminar nuestra relación, pero que tenía miedo de asumir un compromiso mayor?

De algún modo, Susan me soportó el tiempo suficiente como para invitarme a China Grove, Carolina del Norte, para visitar a su familia. Usar barba era todavía un símbolo de rebeldía, en especial en el Sur de los Estados Unidos, de modo que mi barba, sumada a mi reticencia a hablar sobre formar una familia, implicaban dos puntos en contra en ocasión de conocer a los padres de Susan.

Su madre había cocinado un delicioso estofado con puré de papas, salsa casera, verduras y panecillos. Para un individuo cuya especialidad eran los sándwiches de mantequilla de maní y jalea y las salchichas, esto era un manjar. Al ver que los hermanos adolescentes de Susan solo se sirvieron un plato, supuse que ese día habrían comido mucho antes de la cena. Cuando felicité a la mamá de Susan por la comida, ella sonrió y dijo:

—Sírvete más si lo deseas.

Así lo hice. Para mi vergüenza, Susan luego me dijo que en su familia, al tener que vivir del salario modesto de un pastor, se esperaba que un estofado rindiera por lo menos para dos comidas. Cuando terminé de cenar, no quedaba más carne que una fina feta para un sándwich. Quizá por eso, después del plato principal, escuché que la mamá de Susan le susurraba: «Espero que esto no sea muy en serio, querida. No podrás ganar lo suficiente para alimentarlo».

También explicaba por qué, mientras el padre de Susan y yo conversábamos sobre cuestiones espirituales en la sala después de la comida, oí que uno de los hermanos le comentaba a su madre: «¡Parece inteligente, pero qué manera de comer!». A pesar de todo, creo que pasé la prueba. Cuando Susan y yo regresamos a Greensboro, nuestra relación parecía mejor encaminada.

Quizá porque comprendió mi necesidad de libertad, aunque nunca habíamos hablado sobre mi pasado, Susan me dejó ir en pos de mis sueños, aunque siempre me dio una razón para regresar. Ella era la razón; no solo porque era una belleza que deseaba conquistar, sino porque su hermosura interior me hacía desear ser una persona mejor. También me desafió en otros sentidos. Tenía una manera especial de hacerme preguntas «certeras». Cuando decidí reconstruir el motor de una camioneta usada que había comprado, me preguntó:

—Estás trabajando mucho en este proyecto. ¿Para qué?

—Para ver si puedo hacerlo —respondí.

Esa respuesta me sonaba mejor que decirle que solo lo hacía para demostrarme que era capaz de hacer algo «normal y digno de un hombre». Sus preguntas me ayudaron a ser menos atropellado y a no correr frenéticamente por la vida solo para probarme.

Susan también parecía saber cómo civilizarme. Lo hacía con cuidado, sin avasallar mi condición de hombre.

A los cinco meses de conocernos, decidí que ya era hora de probar si Susan era capaz de manejar la historia de mi infancia. Su respuesta me permitiría saber si podríamos pensar en algo más que una relación casual para pasarla bien.

Me sentía paralizado. Confiarle la verdad sobre mi pasado implicaba asumir un riesgo. Era el mismo temor que me había consumido cuando me planteé la posibilidad de contarle a los padres del grupo de jóvenes de la iglesia cómo había sido mi infancia y tenía miedo de que no me dejaran ser amigo de sus hijos. Finalmente, una tarde le dije:

—Susan, necesito que sepas algo sobre mi pasado. Te propongo que salgamos a caminar por el campo de golf mientras hablamos. Creo que me sentiré más cómodo.

El corazón me latía con fuerza mientras caminamos y conversamos. Susan escuchó mi historia sin interrumpirme. Como conclusión, le dije:

—Así que, si no deseas salir más conmigo, lo entenderé.

Continuamos caminando en silencio. Con cada paso que daba, el ánimo se me caía a los pies.

Finalmente, Susan se detuvo y se volvió hacia mí:

—¿Por qué tenías que decir eso? —preguntó asombrada—. ¿Qué te llevó a pensar que no querría salir más contigo porque tuviste una infancia desgraciada? No te respeto menos por lo que tuviste que vivir. En realidad, estoy impresionada de que seas hoy lo que eres a pesar de tu infancia. *Por supuesto* que quiero que sigamos juntos.

Mi corazón hubiera pegado un brinco si no fuera porque relatarle mi historia me había dejado exhausto.

—Trataré de responder cualquier pregunta que tengas —le dije—, ¿pero podría ser en otro momento? Me costó mucho reunir el coraje para contarte todo lo que te acabo de relatar. No sabes cuánto aprecio tu respuesta, pero preferiría no hablar más de esto por hoy. ¿Te parece bien?

Susan asintió, no dijo nada y me abrazó fuertemente.

No podía creer lo que sucedía. En mi imaginación, había supuesto que me rechazaría. *¿Será verdad?*, pensé. *¿Habré realmente encontrado a una buena mujer que me acepta a pesar de la enfermedad mental de mis padres y mi extraña infancia?*

En el curso de las siguientes semanas, me distancié un poco de ella. Deseaba protegerme en caso de que reconsiderara su respuesta. Tengo que reconocer que si ella lo hubiera hecho, el dolor me habría resultado casi insoportable. Ahora me daba cuenta de que nunca había sentido por otra mujer lo que sentía por Susan.

Al comprobar que nuestra relación no se había arruinado, quedé asombrado, agradecido, sobrecogido... y asustado. Hacía tiempo que anhelaba tener una relación íntima con una mujer. Ahora que parecía por fin haberla encontrado, me debatía en medio del temor.

¿Cuánto más puedo revelarle sin parecerle un monstruo?

¿Cuánto más me animaré a contarle sin que piense que soy demasiado raro?

Si ella es la mujer con la que Dios quiere que me case, ¿estoy preparado para dar ese paso y asumir un compromiso para toda la vida?

Con todo, era emocionante tener finalmente una novia que parecía amarme a pesar de mi pasado. Tal vez Susan era en realidad la persona con la que podría tener la familia que por tanto tiempo había deseado: papá, mamá y los niños.

Nuestra relación se asemejaba a una aventura. Con mucha expectativa y prudencia, fruto de mi experiencia personal, oré por la sabiduría y el coraje para ser el hombre con quien Susan deseara pasar toda su vida.

Pronto aprendería que distaba mucho de ajustarme a la descripción que me había imaginado.

Separados

Cuando llegó la primavera de 1978, solo hablaba de mi próximo safari por los Estados Unidos. A menudo pasaba tiempo con Susan mientras armaba una capota para cubrir la caja de la camioneta. Cuando nos encontrábamos los sábados por la tarde, rebosaba de entusiasmo mientras una Susan callada me alcanzaba las herramientas.

Mi plan era pasar catorce semanas en la carretera, con solo una noche en un motel. El resto del tiempo me las arreglaría para acampar, dormir en la camioneta o quedarme en casa de algunos amigos. Susan estaba al tanto de mis planes, pero no le presté atención a sus preocupaciones hasta la noche antes de la partida.

—Sé que realmente quieres hacer esto, Rob —dijo—. ¿Pero no podrías hacerlo en varios viajes más cortos?

—No, en realidad creo que no —respondí—. Ahora es el tiempo perfecto para ir. Nunca estaré tan libre de obligaciones en mi vida.

Me di cuenta de que sonaba un poco cortante, por lo que me apresuré a agregar:

—Sin embargo, volveré, Susan. Solo me ausentaré algunos meses.

Intenté cambiar de tema, pero ella insistió.

—¿Y si en tu viaje conoces un lugar en el que decides quedarte?

Esa sí que es una pregunta difícil, pensé.

—Querida, no puedo prometerte que regresaré, pero tú estás aquí y esa es una buena razón para volver.

Hablé sin pensar, pero tan pronto dije estas palabras, me di cuenta de la tontería que había cometido. No obstante, ya era tarde. El silencio de Susan congeló cualquier intento de comunicación.

La conduje de regreso a su dormitorio, la abracé mientras ella hacía un esfuerzo por no llorar, la besé y le dije que la llamaría siempre que pudiera. Entró en el edificio sin volver la cabeza para mirarme.

¿Por qué tenías que decir eso?, pensé mientras regresaba. Esta mujer joven, increíblemente hermosa, talentosa, inteligente y consagrada quería tener un futuro conmigo. Sin embargo, yo prefería mantener abiertas varias alternativas.

¿Por qué no estás de rodillas agradeciéndole a Dios por habértela mandado? ¿Por qué te resistes? ¿Crees que quizá encontrarás otra mejor por ahí?

No hubiera podido explicar por qué.

Aquella noche mis pensamientos se agolpaban en mi mente, tenía dificultad para conciliar el sueño. Al final, me encogí de hombros y pensé: *Ya se le pasará.*

A la mañana siguiente, me subí a mi casa sobre ruedas y partí en dirección al oeste. Durante las siguientes catorce semanas viajé en mi camioneta y así conocí los Estados Unidos, desde las montañas Blue Ridge a la península Olympic en el estado de Washington, y de oeste a este. Durante esos meses visité a Gigi, de ochenta y cuatro años, vi a Nola en el Hogar de Niños, pasé tres días haciendo canotaje por los rápidos del río Rogue, y quedé deslumbrado por las bellezas naturales del Gran Cañón y el lago del cráter de Oregon.

De vez en cuando, encontraba un teléfono público desde el cual llamaba a Susan. Las veces que la localizaba, ella no lograba intercalar palabra alguna mientras yo le resumía mis aventuras y le decía que la volvería a llamar pronto.

Cuando por fin regresé a Carolina del Norte, Susan me esperaba en la entrada de autos. De nuevo quedé cautivado por su hermosura. Ella me escuchó durante horas mientras la apabullaba con los relatos del viaje.

Absorto en mis pensamientos, pensé que nuestra relación iba por buen camino y que seguiríamos juntos sin problema. Me equivoqué.

—Todavía no comprendo cómo pudiste dejarme durante cuatro meses sin prometerme que regresarías y seguiríamos juntos —me explicó cuando finalmente reconocí que algo no estaba del todo bien.

¡Oye! Regresé, ¿no?, deseaba decirle, pero decidí callar.

—¿Cómo supiste que te esperaría? No me pediste que te prometiera nada. Diste por hecho que yo te esperaría y estaría a tus órdenes si decidías regresar.

Supe que lo mejor que podía hacer era mantener la boca cerrada.

—Me alegro de que hayas regresado y todavía te atraiga, Rob. Pero me pregunto si no me tienes solo de reserva hasta tanto encuentres algo mejor.

¿Por qué las mujeres tienen que alterarse tanto?, pensé.

—Está bien, querida, te entiendo —dije—. Debería haber sido más sensible a tus inquietudes antes de irme. Estaba tan inmerso en el viaje que no me di cuenta de que tenías dudas acerca de mis sentimientos hacia ti. En realidad, lo siento. No me dejes, por favor. Dame la oportunidad de reconstruir nuestra relación.

No me mandó a paseo, pero mi situación era precaria y lo sabía.

Al día siguiente, supe que había una habitación disponible en la casa donde había vivido y decidí volver a instalarme allí. Después de trabajar en diversos empleos, en otoño de 1978 comencé a trabajar como vendedor para una pequeña compañía que comercializaba una nueva tecnología para sistemas de cajas registradoras electrónicas. Mis jefes me ayudaron, fueron sinceros y pacientes, enseñándome muy bien. A medida que progresaba en mi carrera de ventas, Susan estaba a punto de obtener su título en diseño de interiores. Pronto entraría en un mundo nuevo.

Era hora de tomar una decisión y arriesgarme a pedirle a Susan que nos casáramos… o dejarla. Sin embargo, no parecíamos estar listos para dar ese paso. Un día, Susan me confesó sus dudas cuando me dijo:

—No estoy segura de que me necesites.

—Te amo, Susan —le aseguré—. Solo es que no estoy seguro de que *alguna vez* llegue a necesitar a alguien para sobrevivir.

—Pero yo necesito que me necesiten —dijo ella simplemente.

¿Cómo podría explicar lo aterrador que me resultaba siquiera pensar en necesitar a alguien de esa manera? Ese grado de dependencia de otra persona me haría demasiado vulnerable, y vaya si había aprendido a protegerme en mi vida. Gracias a ello pude vivir en el orfanato, pero esas mismas defensas ahora parecían hacer irrealizable mi sueño de tener una familia.

[32]

Temor a formar una familia

COMO SI MI TEMOR A sentirme vulnerable no fuera suficiente para acabar con mi relación con Susan, me encontré perseguido por el fantasma de mis padres.

¿Qué haré si nos casamos y Susan manifiesta la misma inestabilidad emocional que mi madre?, me preguntaba. *¿Me quedaré con ella, o la dejaré?*

Si ya tuviéramos hijos cuando estos problemas se manifestaran, ¿le dejaré a los niños o intentaré obtener la custodia legal? ¿Sería justo exponerlos a las mismas locuras que yo debí soportar de niño?

Conocía a muchas parejas que se separaban ante el fracaso de la relación sin dejar de brindarles tiempo y atención a sus hijos. No obstante, el matrimonio que yo deseaba, la relación con la que siempre había soñado, implicaba pasar toda mi vida junto a una compañera con quien compartirlo todo: los asuntos de dinero, las metas, el amor de pareja y también la vida espiritual. No quería que mis hijos algún día preguntaran: «¿Por qué se fue papá?».

¿Y qué pasaría si Susan me ocultara cosas, como lo hizo mi madre con mi padre? ¿Me dejaré llevar por mis hormonas y no veré las señales de alerta ni pensaré lógicamente? ¿Y si ella está bien ahora, pero luego se vuelve loca?

Durante meses luché con estos temores. Una mañana durante mi devocional, permanecí con los ojos cerrados y la cabeza inclinada por más tiempo, en un silencio expectante, a la espera de una respuesta. Justo cuando estaba por incorporarme, me asaltó un pensamiento: *¿Y si tú eres el problema?*

Me enderecé de golpe y abrí los ojos. Una vez más, yo era el punto clave.

¿Y si eso me pasara a mí? ¿Por qué no consideré la posibilidad de que me sucediera algo como lo que les había ocurrido a mis padres? ¿Por qué pensaba en ella cuando había más probabilidades de que yo fuera el problema?

Como era mi costumbre, pensaba más en la forma en que los demás pudieran afectarme. ¿Pero y Susan? ¿Cómo podía agobiarla con la posibilidad de que yo perdiera el juicio?

Si llegara a suceder algo así, ¿querría que Susan me dejara? Si llegáramos a tener hijos, ¿sería capaz de decirle que se llevara a nuestros hijos para librarlos de mí?

Este era el tipo de pregunta que me perseguía desde la infancia, la pregunta que le había hecho a John cuando regresábamos en el tren, después de ver a los psiquiatras en Chicago: «¿Yo también me puedo volver loco?». La pregunta comenzó a adoptar otras formas. *¿Y si no puedo desenvolverme en el mundo o si no puedo mantener un empleo debido a problemas mentales o psicológicos?*

¿Y si llegara a enfermarme de esclerosis múltiple o alguna otra enfermedad neurológica que me produjera una incapacidad física y no pudiera trabajar para mantener y cuidar a mi familia, ni ser un amante para mi esposa y un padre para mis hijos? ¿Querría que Susan me abandonara en medio de mi debilidad? La respuesta parecía obvia: por supuesto que no querría que ella me dejara. Sin embargo, me costó un poco más enfrentarme sinceramente a la realidad de que yo podía ser el cónyuge con un problema.

Antes de poder responder de corazón, tuve que tragarme mi orgullo, lo que me llevó una semana o dos. *¡No! Por supuesto que no. No desearía que nadie me abandonara, por ninguna razón. Sé muy bien lo que es eso, y no se lo deseo a nadie.*

Aun si yo fuera la parte débil, querría que Susan se quedara a mi lado para poder enfrentar juntos las luchas de la vida. En realidad, quiero que cumpla su promesa de estar a mi lado en la fortuna o la adversidad, en la salud o la enfermedad, en la riqueza o la pobreza, durante toda la vida.

Si eso era lo que deseaba de mi esposa, de ninguna manera podía pretender exigirme menos a mí.

Al fin de cuentas, yo no era el único que daba un paso de fe si nos casábamos. El paso de Susan tal vez era mayor que el mío.

Decidí que la pregunta crucial era: «Rob, ¿estás listo para comprometerte con esta mujer, para serle fiel en todo y a pesar de todo?». Sabía cómo *debía* responder, pero hacerlo con franqueza y en voz alta fue en verdad difícil.

Susan hizo lo mejor que pudo para ser comprensiva y paciente mientras le comunicaba mis sentimientos e intentaba superar mis luchas. Una noche, le pedí que orara conmigo y fui directo con Dios: «Ayúdame a confiar en Susan, en que no me abandonará. Dame las fuerzas también para comprometerme a estar siempre a su lado». Durante la semana siguiente, me embargó una paz que no podría explicar. Por fin me sentí listo para asumir ese compromiso.

Una noche de verano, acostados en una hamaca debajo de unos pinos sureños, le pedí a Susan que se casara conmigo. Nunca me respondió. Me dio un beso tan largo y apasionado que pensé que me ahogaba. Cuando comenzó a preparar el casamiento, supuse que la respuesta había sido «Sí». Sin embargo, un par de semanas después Susan todavía no se lo había dicho a nadie.

—¿Cuándo se lo dirás a tus padres? —pregunté finalmente.

Agitó su mano izquierda delante de mi rostro como respuesta.

—¿Qué quieres decir? —pregunté irritado.

—¡Mira mi dedo! —dijo, esbozando una sonrisa.

—Sí, ¿qué tiene?

—No tengo anillo de compromiso, tonto. Primero me agradaría tener un anillo.

—Bueno, llévame a una joyería y muéstrame uno.

A parecer ella ya tenía un anillo en mente. Cuando llegamos a la joyería, me señaló varios en la vitrina. Al final, le pedí a la señora que nos atendía que nos mostrara un anillo. Mi idea era ver la etiqueta para saber cuánto costaba.

—Susan —comenté aturdido—, ¡hay una *coma* en el precio! Esto no es en serio, ¿verdad?

No pretendía avergonzarla ni lastimarla, pero nunca había pagado mil dólares por nada en mi vida, ni siquiera por un auto. Sin embargo, su humor cambió al instante. Pasó de sentirse mareada por la emoción a sentir náuseas.

—Llévame a casa —me susurró.

Me di cuenta de que me convenía no hacer ningún comentario.

La dueña de la casa donde yo vivía me escuchó mientras me desahogaba. Cuando terminé de caminar de un lado a otro de la habitación y comentarle sobre el gasto que implicaba el anillo, esperé que me aconsejara. Ella no se animaba a mirarme a los ojos.

—¿Qué piensas que deberías hacer, Rob? —preguntó con delicadeza.

—¿Tengo alternativa? —pregunté.

Ella se rió. Cuando recobró la voz, dijo:

—No, Rob, no tienes alternativa. Tendrás que hacer de tripas corazón y comprar la dichosa piedrita. Bienvenido al mundo de los casados.

Compré el anillo y sorprendí a Susan, quien lloró y me dio un beso largo y apasionado.

Poco después fuimos a China Grove para anunciarles nuestro compromiso a sus padres. Su madre ya se había dado cuenta; pero su padre, no. Cuando se recuperó de la noticia, estuvo muy de acuerdo. Una noche, durante nuestra visita, el padre de Susan me preguntó:

—Rob, cuando piensas en el futuro y te ves como esposo, y esperemos que también como padre, considerando tu infancia, a quién tienes como modelo de hombre en la vida.

Le pasé revista a una lista mental: mi viejo primo Art; el trabajador social que tuve en la secundaria, Marv; Bob, el cazador; Swaney, el supervisor suplente; Dave, «el camisa blanca»; Lee, el misionero; Dapala, el jefe de la tribu ngbaka. No podía dejar de pensar en las mujeres que habían sido de bendición en mi vida también: Gigi; Nola; Fran, la mamá de Art; tía Alice; Alene, la misionera. La respuesta a mi futuro suegro fue:

—No quiero que esto parezca un delirio, y perdóneme si así lo parece. Sin embargo, creo que la mejor respuesta a su pregunta es lo que veo en Jesús, el hombre. Por supuesto, nunca podría imitar su pureza espiritual, pero podría intentar ser como el hombre que él fue.

—Explícate —pidió Joe.

—Bueno, de lo que he estudiado, parece que Jesús fue tierno con los niños, respetó a las mujeres, fue amigo de los hombres, defendió a los débiles, no se dejó doblegar por las dificultades, enfrentó a las personas hipócritas y malvadas, y fue fiel a Dios. Me parece que es un buen modelo de vida.

Después de reflexionar sobre mi respuesta, Joe me animó a resumirla en términos más simples.

—Un hombre de verdad es rudo y tierno —respondí.

Joe asintió.

—Quiero ser ambas cosas: cambiar los pañales de mis hijos y acariciarlos, pero también hacer cosas como levantar pesas, acampar y cazar.

En algún momento de la conversación, Susan había salido de la cocina y ahora estaba en la habitación con nosotros. Se rió por lo bajo.

—Tendrás que ser paciente conmigo. Necesitaré aprender a ser esposo y padre. No podrás suponer que sepa qué hacer.

Con una sonrisa y un brillo en sus ojos, me dio a entender que eso no era ninguna sorpresa para ella.

—No te preocupes —dijo—. ¡Yo necesito un proyecto a largo plazo!

[33]

El fin de un ciclo

En noviembre de 1979, Susan y yo fuimos al asilo de ancianos de Chicago donde Gigi pasaba sus últimos días.

Susan y yo pensábamos casarnos en unos meses y quería presentársela a mi abuela.

Lo que hubiera sido una ocasión gozosa unos pocos años antes, ahora tenía un dejo amargo y resultaba difícil. Gigi, un baluarte en mi vida, estaba postrada en cama a los ochenta y seis años. Se encontraba tan débil que no se pudo levantar para recibirnos. Hizo un esfuerzo muy grande por incorporarse y hablar, cayendo por momentos en un estado de semiconciencia.

El Hogar St. Paul era limpio, pero en el aire flotaba un olor a una mezcla de antiséptico y descomposición. Susan y yo estábamos en una pequeña sala bien iluminada por el sol, donde los residentes podían mirar hacia fuera.

Algunos ancianos conversaban entre ellos, pero muy poco. La mayoría dormía, desplomados sobre las sillas de ruedas o recostados en sillones reclinables de color beige y gris, que parecían fusionarse tristemente con la palidez de su piel. Susan acercó una silla al sillón de Gigi y tomó una de sus manos arrugadas entre las suyas. Unos ojos acostumbrados al dolor sondearon el rostro de mi novia, en busca de esos detalles que les importan a las mujeres y que los hombres no comprenden. Con una dulce sonrisa, Gigi apretó la mano de Susan. Me levanté, tenía un nudo tan grande en la garganta que no podía hablar y se me dificultaba la respiración.

—Hace años que oro para que Dios me permitiera ver a Rob graduarse de la universidad y casarse —susurró Gigi—. Me alegro mucho de poder conocerte.

Se volvió a una enfermera que acababa de entrar en la habitación y le anunció llena de orgullo:

—Esta dulzura es la esposa de Rob. Se van a casar en marzo. Nos dimos cuenta de la confusión de Gigi y sonreímos.

Ella entrecerró los ojos, luego los abrió y preguntó:

—Dime, Susan, ¿cuándo es que se casan?

—En marzo, Gigi. Rob y yo nos casamos en marzo.

Gigi no vio la lágrima en la mejilla de Susan. Yo, sí la vi. Mi futura esposa logró que no se le quebrara la voz mientras le pedía un consejo.

—¿Cómo voy a hacer para alimentar a este hombre?

Gigi sonrió y sus arrugas se movieron de lugar. Su respuesta susurrada débilmente se asemejó a la de una niña compartiendo un secreto con su mejor amiga.

—Le agrada la carne estofada, el puré de papas y la salsa, la espinaca y el helado de vainilla con sirope de chocolate.

Susan asintió.

—Aunque conviene que estés advertida de algo —agregó Gigi, poniéndose seria.

Sorprendidos, ambos nos inclinamos hacia delante.

—¡Querida, es un muchacho muy dulce, pero ronca como una locomotora!

Nos reímos. No había perdido su sentido del humor. Susan se secó los ojos y comenzó a hacer otra pregunta, pero Gigi se había vuelto a dormir. Esperamos un poco más, con la esperanza de que Gigi se despertara y continuara hablando con nosotros. Mi futura esposa tomó un frasco de crema y la esparció por los brazos de mi abuela. La piel delicada y fina pronto la absorbió. No abrió los ojos, pero esbozó una sonrisa.

—Gracias —dijo Gigi muy suavemente.

Pronto tuvimos que aceptar que estaba agotada y se había sumido en un profundo sueño. Era hora de irnos. Susan se levantó, se inclinó y besó la frente de Gigi. Yo también la besé y luego dejé mi cabeza junto a la suya, con la esperanza de sentir la fragancia de su perfume favorito. Por desgracia, no lo sentí. Lamenté no haberle traído un frasco de la loción.

Tomados del brazo, Susan y yo nos alejamos en silencio. En realidad, ella me sostenía. Yo todavía no podía hablar.

Mi abuela no era la Gigi que recordaba, la que hubiera querido que Susan conociera. No me había dado cuenta de su estado, ya que por teléfono había parecido más fuerte. Habíamos volado a Chicago para que pudiera conocer a Susan. Las cosas no salieron del todo como hubiéramos querido, y nos marchamos con la inquietante certidumbre de que mi querida abuela pronto nos dejaría.

Tomamos el autobús hacia el noroeste de Rockford para arreglar otras cuestiones que teníamos que concluir en Illinois. Cuando Art llevó a Gigi al hogar de ancianos, dejó en un depósito lo que quedaba de los muebles que Pauline les había regalado a mis padres. ¡Qué ironía, la manzana de la discordia en el matrimonio de mis padres ahora consolaría a la nueva familia de su hijo! Alquilamos un camión en Rockford y cargamos una pequeña fortuna en muebles.

Art también había guardado los manteles diarios de Gigi y algunos regalos de casamiento de mis padres, incluyendo un juego de cristalería, vasos y copas de cristal, y un hermoso juego de antiguos cubiertos de plata. La esperanza de Gigi de dejarme una herencia se había cumplido. Susan y yo transportamos su regalo especial a Carolina del Norte, donde comenzamos a amueblar nuestro apartamento.

La planificación de nuestro casamiento cobró ímpetu. Mi lista de invitados era sencilla: mis parientes Mitchell de Atlanta y algunos pocos de Carolina del Norte, el grupo de jóvenes de la iglesia, y algunos profesores y amigos de la universidad. Mis familiares ancianos de Illinois no podrían realizar un viaje tan largo. La lista de Susan era mucho más larga. Tanto su madre como su padre provenían de una familia numerosa y conocían a muchas personas de las congregaciones que su padre había atendido en el pasado y en la actualidad. Repasar las listas me resultaba confuso, pero Susan parecía sentirse completamente cómoda.

Susan y su padre solían sentarse en torno a la mesa de la cocina a pensar en los detalles de la ceremonia. Elegían los versículos bíblicos, los votos matrimoniales y los himnos. Para mí, hubiera bastado con decir: «Sí, acepto».

Me conmovió que algunos de mis parientes se ofrecieran a ayudar. Tía Alice y tío Mack cubrieron los gastos de la cena del ensayo en un club social de la localidad. Mi tía abuela Martha, de Burlington, cubrió los gastos del desayuno-almuerzo nupcial. El día de la boda en marzo de 1980 fue un día soleado.

La iglesia metodista de China Grove poseía hermosos bancos y vitrales. Las damas de compañía de la novia lucían vestidos color granate, mientras que los acompañantes del novio llevaban trajes azules. El traje de novia de Susan era de un blanco suave. Yo vestía un frac. Las gardenias blancas en su cabello hacían juego con las que tenía en el ramo que llevaba en su mano.

Nos casó el padre de Susan, que estaba radiante como el sol. Sin embargo, cuando nos tomó las manos, justo antes de la bendición final, su expresión cambió y comenzó a temblar. De algún modo, logró mantener la compostura por el resto de la ceremonia.

Con la ayuda de su madre, Susan se encargó de preparar gran parte del servicio para la fiesta de bodas. Fueron más de trescientos invitados.

Después de una luna de miel en la hermosa Isla Kiawah, frente a la costa de Carolina del Sur, regresamos a nuestro pequeño departamento. Ya me gustaba estar casado, y sabía que sería un hombre feliz.

Hacía solo unas horas que habíamos regresado a Greensboro cuando sonó el teléfono.

—Hola, Rob —me saludó mi primo Art—. Siento tener que molestarte tan pronto, pero tenemos malas noticias.

Hizo una pausa y sentí un vacío en el pecho. Presentía el motivo de su llamada. Habían pasado cuatro meses desde el viaje con Susan a Chicago. Esa visita y las noticias subsiguientes que recibía del estado de salud de mi abuela me prepararon para lo que tendría que escuchar. Le hice señales a Susan para que se acercara al teléfono.

—Gigi murió el lunes. No quise llamarte mientras estabas de luna de miel y no sabía cuándo regresarían. Recién ayer comencé a llamar a este número.

Intenté mantener la calma.

—¿Puedes decirme qué pasó?

—Estuve con Gigi el día de tu casamiento. Varias veces me preguntó si ese era el día en que te casabas. Cada vez que lo preguntaba le decía: "Es hoy, sí, Gigi. Él y Susan se están casando hoy". Cuando finalmente entendió que era el día en que te casabas, se durmió y no recobró el conocimiento. Me quedé en Chicago hasta que murió.

—Gracias, Art. Fuiste muy bueno con ella. Es una pena que yo no pudiera estar también allí.

—Sé que esto será un golpe duro para ti, Rob —comentó Art—. Ella te amaba muchísimo. Los médicos nos informaron que no había ninguna razón clínica para que hubiera vivido todo este tiempo. Estaba muy orgullosa de ti cuando te graduaste de la universidad, pero le preocupaba que estuvieras solo. El día que te casaste, te traspasó a las manos de Susan. Le agradó tu esposa, sabes.

—Sí, Art, lo sé —me las arreglé para responder—. Siempre me había dicho que viviría para verme graduarme de la universidad y casarme.

—Estoy seguro de que de algún modo se obligó a vivir hasta tu casamiento —señaló.

No pude responder.

Me describió los detalles del funeral de Gigi. Le agradecí todo su cariño y en especial la manera en que había cuidado a Gigi. Cuando colgué, Susan me observaba.

—Quiero salir —le dije, dirigiéndome a la puerta—. Conduce tú.

Mi esposa condujo con los ojos llenos de lágrimas mientras yo la acompañaba en silencio en el pequeño Volkswagen.

Crucé los brazos contra el pecho, con las manos debajo de las axilas, y comencé a hamacarme de lado a lado, como acostumbraba a hacerlo muchos años antes, mientras observaba a través de mis ojos nublados e infantiles cómo Gigi se alejaba.

Siempre me preguntaba si ella regresaría. Esta vez, no lo haría. Esta mujer sencilla y pobre, pero buenísima, me amó más que a su propia vida. Me dio todo lo que tenía, y ahora se había ido. No podría llamarla los domingos en la tarde, ni disfrutar de su estofado de carne Boston. Tampoco podría decirle cuánto la amaba. Lo irrevocable de la situación me dejó liquidado.

Condujimos durante unos veinte minutos antes de que Susan advirtiera la inminente explosión de amargura. Apenas entró en un estacionamiento desierto, estallé en un angustioso llanto. El pequeño auto se sacudía mientras me mecía hacia atrás y hacia adelante, con una tristeza demasiado honda para expresarla con palabras. Sin decir nada, Susan me abrazó, llorando conmigo y por mí.

Pasaron casi treinta minutos antes de que nos dejáramos caer exhaustos en los asientos, incapaces de derramar más lágrimas. Entonces Dios y Susan me llevaron adonde siempre quise estar.

A mi hogar.

El Hogar de Niños Covenant en Princeton, Illinois, en la época en que el autor vivió allí.
En el edificio principal estaban los dormitorios, las oficinas, el comedor y un salón para las visitas.

Arriba: Joyce Mitchell, la madre del autor, recibe un abrazo del pequeño Robby de dos años de edad. A la derecha, Robert, el padre del autor. La foto fue tomada en abril de 1957, seis meses antes del intento de suicidio de Robert Mitchell.

Derecha: La abuela Gigi con Robby cuando tenía dos años y medio.

En el comedor del hogar, Robby
sentado al frente, a la derecha.

Nola, supervisora del
dormitorio de los niños más
pequeños, llegó al hogar un
año después que Robby.

Doce residentes del dormitorio de los niños menores reunidos
para compartir una merienda. El autor, de cuatro años de
edad, está sentado en el extremo izquierdo.

*Arriba: La abuela
Pauline, 1955.*

*Abajo: Joyce
Mitchell, la madre
del autor, en 1967.
Acababa de ser
dada de alta de un
hospital psiquiátrico
estatal y luchaba
por salir adelante en
una casa de
rehabilitación.*

Arriba: El autor celebra feliz su graduación en la universidad de Guilford en 1977.

Abajo: Susan Davis en 1975. Sobre ella, Rob escribió: «Delante de mis ojos estaba la mujer más hermosa del mundo».

Izquierda: Año 1978, Rob luce su cuestionada barba. Durante este período, su noviazgo con Susan atravesó una etapa de altibajos.

Abajo: El verano de ese mismo año, el autor llega al Gran Cañón, un lugar memorable en su «safari por los Estados Unidos». Su gran viaje a través de los Estados Unidos no causó buena impresión en Susan, que no formó parte del plan.

Rob y Susan se casaron el 9 de marzo de 1980. El padre de Susan, Joe (centro), celebró la boda. El autor finalmente comenzaba a cumplir su sueño de tener una «verdadera» familia.

El siguiente paso fueron los hijos. En esta fotografía de 1988, Alicia, de dos años y medio, y Luke, de un año, fortalecen lazos de afecto trepados sobre su papá.

La familia Mitchell en el año 2002. De izquierda a derecha: Luke, Rob, Alicia y Susan.

Epílogo

Veinte años después de la muerte de Gigi, mientras ordenaba y limpiaba unas cajas viejas de la buhardilla, encontré su diario, un pequeño cuaderno que contenía la siguiente nota:

Querido Robby:
Eres un nieto precioso. Espero que crezcas para ser fuerte física, espiritual y mentalmente; que llegues a ser un buen ciudadano y lo suficiente firme como para defender tus creencias.
Nunca dejes de amar. Siempre tendrás mi amor.

Tu abuela, Gigi

También encontré esta breve descripción que ella había escrito cuando mi madre me secuestró:

La Navidad de 1962 y los primeros meses de 1963 fueron desagradables para Robby y para mí, pero cuando llegó el verano de 1963, ya teníamos todo bajo control.

La oración de Gigi por mi futuro y su manera realista y práctica de manejar el caos de mi vida tal vez sirvan para explicar en parte por qué hoy soy lo que soy.

Sobreviví al orfanato donde pasé mi infancia. En el invierno del año 2005, demolieron el Hogar de Niños Covenant. El edificio que albergó a tantos niños abandonados ya no existe físicamente. Por fortuna, tengo un hogar que nunca será demolido: mi relación con el Padre celestial. Y llegará el día en que tenga otro hogar eterno, como enseña la Biblia en 2 Corintios 5:1: «De hecho, sabemos que si esta tienda de campaña en que vivimos se deshace, tenemos de Dios un edificio, una casa eterna en el cielo, no construida por manos humanas».

Susan y yo hace poco festejamos veintiséis años de matrimonio fiel. Después de veintidós años de encargarse de la casa, ella ahora cursa una maestría en teología. Como la mayoría de las parejas, hemos tenido momentos maravillosamente enriquecedores y períodos de mucha tensión. Me alegro de poder decir que todavía nos amamos… y que este viejo sabueso todavía la persigue por toda la casa. Tenemos dos hijos maravillosos. Alicia terminó la universidad con honores hace tres años, obteniendo un título en educación cristiana. Se casó con Chad, un joven que estudia leyes. Luke, nuestro hijo, tiene diecinueve años al momento de escribir esta historia. Él está estudiando la industria musical y se inclina a usar el don de su voz y su talento para tocar diversos instrumentos en algún tipo de ministerio cristiano. Cuando Alicia y Luke fueron lo suficiente maduros, les contamos algunas historias de mi infancia y los llevamos a Princeton para que vieran el orfanato. Para mí es un verdadero gozo que nunca se acerquen a comprender lo que viví.

Susan y yo también nos alegramos de que nuestros hijos hayan escogido la fe de sus padres y la vivan con un compromiso pleno y auténtico.

En 1985 me convertí en consultor financiero. He tenido éxitos y fracasos en los negocios, pero en el año 2002 una revista de primera línea en el ramo me reconoció como uno de los agentes estadounidenses más extraordinarios.

Mantuve la promesa hecha a Tony Martin, el jardinero del Hogar de Niños, y nunca me olvidé de los más «pequeños». Muchos de mis clientes son ricos, pero no dejo sin atender a los «pequeños» inversores. Mi padre murió en 1983, tres años después de que Susan y yo nos casáramos. Tuvimos un funeral íntimo para la familia más inmediata. El entierro fue en un día frío, húmedo y ventoso. Solo estuvieron presentes tía Alice, tío Mack, sus tres hijos y un par de primos de mi padre.

Elegí un servicio con el ataúd cerrado, de modo que la foto de mi padre es la única imagen que conservo de él. Todavía usamos algunos muebles familiares que tanta angustia le causaron, así como la cristalería, los juegos de mesa y la plata.

Estoy en contacto con muchas personas de mi pasado. Tío Mack y todos mis tíos abuelos han muerto, pero todavía hablo y visito a tía Alice y Mack Jr., y Art aún vive en Rockford.

Un par de veces al año visito a Nola, quien se jubiló y se casó tarde en la vida. Paul, mi «compañero de orfanato», es como un hermano. También me mantengo en contacto con Marv, Dave y Swaney, así como con mis amigos misioneros. Hace poco volví a ponerme en contacto con mi consejero John. Lamentablemente, perdí todo contacto con mi amigo africano Dapala.

A menudo, después de escuchar partes de mi historia, la gente pregunta: «¿Cómo pudo sobrevivir y llegar a ser la persona que es hoy?».

Las respuestas son complejas, pero la verdad fundamental es simple: No podía cambiar los hechos y las circunstancias que me impusieron, pero siempre pude decidir cómo responder. La marca de una persona, a mi entender, no está en las acciones, sino en las reacciones. Para la sociedad, no era más que un niño de un orfanato, probablemente destinado a una vida sin rumbo ni sentido, a una muerte temprana o a la prisión. Según la genética, podría haber sufrido las mismas afecciones que mis padres. No obstante, decidí cambiar la idea que tenía acerca de mí y quién podía llegar a ser. Hubo adultos en mi vida que me ayudaron, pero en última instancia tuve que depender de la ayuda de Dios.

Cuando busqué en Dios la esperanza que todos pueden tener, independientemente de su raza, lengua o cultura, aprendí que nada de lo que me pueda hacer yo mismo o de lo que otros me hagan, ni el abuso ni la apatía, nada de lo que me sucedió o pueda sucederme —ni siquiera la muerte— me podrán separar del amor de Dios. Ese amor me ayudó a perdonar y me liberó de mi pasado doloroso. Ese mismo amor ha ayudado a muchas otras personas a perdonar y encontrar la liberación.

Escribí mi historia no solo para llevarles esperanza a otros niños abandonados. Quiero que todos recordemos que nuestra vida es importante. Siempre habrá esperanza si somos capaces de encontrar un hogar donde no seamos simples visitas. Creo sinceramente que ese hogar se encuentra si decidimos tener una relación personal con Dios y cuando tenemos comunión con otras personas que también han optado por ese tipo de relación.

Para mí, eso comenzó con una oración simple y sincera: *Jesús, si eres real, ven a mi pesadilla. Perdona mis pecados y cámbiame.*

A medida que usted se enfrente a su pasado, encare las realidades de su presente y contemple el futuro, deseo que pueda encontrar respuestas. Quiera Dios que las decisiones que tome nos permita decir juntos estas palabras tan bien expresadas por Saulo de Tarso:

No pienso que yo mismo lo haya logrado ya. Más bien, una cosa hago: olvidando lo que queda atrás y esforzándome por alcanzar lo que está delante, sigo avanzando hacia la meta.

—Filipenses 3:13-14

Nota para los educadores

SUELE SER PROVECHOSO QUE LOS maestros se aseguren de incorporar otras voces y culturas a sus programas de estudio. Creo que la voz verdadera de un niño abandonado, que fue uno de los últimos expósitos en un orfanato estadounidense, constituye una voz y una cultura diferentes.

He aquí lo que comentó una profesora de inglés de la escuela secundaria, con veinticinco años de experiencia en la docencia, después de leerle un borrador de *Solo* a sus siete grupos de doce grado:

«Es una obra extraordinaria de literatura contemporánea que explora los temas universales de la soledad, el rechazo, el enojo, la amargura y la necesidad de perdonar. Quedé sorprendida por las diferentes respuestas que despertó su lectura y en especial por la honestidad con que los muchachos se expresaron y participaron».

Igual de reveladoras son las siguientes respuestas de los estudiantes de secundaria a la lectura del manuscrito:

«No podía dejar de leerlo. Sus preguntas en realidad me hicieron pensar».

«Muchos de los capítulos terminaban con una situación de suspenso. Sentí que vivía las luchas junto a usted, me encantó la cuestión romántica con su futura esposa, me reí a carcajadas de mí mismo, porque me identifiqué con su torpeza con las chicas».

«No es solo esperanzador para los niños como usted, sino para todos».

«Es una historia increíble, llena de aventuras maravillosas».

«Renovador».

«Me agradó de verdad la manera en que logró que me adentrara en su mente a fin de comprender sus luchas para perdonar, y que no presentara aquellas cosas que son realmente difíciles como si fueran fáciles».

SOLO

Si usted es docente o educador, considere la posibilidad de usar esta historia verdadera como lectura complementaria. Puede integrarla a los programas de inglés, literatura, sociología, psicología u otros. Respaldo todos los esfuerzos que haga con el fin de que los estudiantes lleguen a ser las mejores personas que puedan durante sus vidas.

—*R. B. Mitchell*

Lecturas complementarias

ESTE LIBRO CONTIENE MUCHAS REFERENCIAS a obras literarias, entre ellas la Biblia. Si desea explorar estas lecturas, a continuación se presenta una lista de las referencias y las citas bibliográficas.

Capítulo 4

«Fue mi turno de llorar con gemidos tan hondos que no podían expresarse con palabras». Ver la Biblia, Romanos 8:26.

Capítulo 8

«Anne había respondido que si le permitían quedarse con ellos, trataría de ser lo que esperaban y haría todo lo que le pidieran». *Anne of Green Gables* de Lucy Maud Montgomery, Bantam Books, 1998, p. 47.

Capítulo 9

«Tu historia me recuerda a *Oliver Twist*». *Oliver Twist* de Charles Dickens, Barnes & Noble Classics, 2003, p. 38.

Capítulo 12

«En esa época leí *Ascenso desde la esclavitud*, la autobiografía de Booker T. Washington, un esclavo que llegó a ser educador». Ver *Up from Slavery* de Booker T. Washington, Signet Classics, 2000.

Capítulo 14

«Un día le pregunté: "¿Cómo se puede tener esperanza en lo que no se ve?"». Ver la Biblia, Hebreos 11:1.

Capítulo 18

«*Este hombre tuvo hambre, sufrió sed y sintió cansancio. Incluso se ensució los pies*». Ver la Biblia, Marcos 11:12; Juan 19:28; Marcos 6:31; Juan 13:3-17.

«*Lo defraudaron aquellos en los que confiaba*». Ver la Biblia, Marcos 14:43-46.

«Luego leí un versículo que me impactó: *Este hombre decía que él era Dios* [...] Al parecer esa afirmación molestó tanto a los líderes religiosos de su tiempo que idearon un plan para matarlo». Ver la Biblia, Juan 8:51-59.

«Jesús era un loco, Jesús mintió acerca de ser Dios, o bien Jesús era en verdad quien dijo ser». Ver *Cristianismo... ¡y nada más!* de C. S. Lewis, Editorial Caribe, Miami, 1977, p. 62.

«Me sorprendí al ver que Jesús se había enojado». Ver la Biblia, Marcos 3:5.

«A los dos nos enojaba la hipocresía; eso me gustó». Ver la Biblia, Mateo 23:13-33.

«Se sintió frustrado con alguna gente; igual que yo». Ver la Biblia, Marcos 3:5.

«Vi que Jesús solía hablar de la vida eterna. Aunque mi preocupación era si aún estaría vivo después de los veinte». Ver la Biblia, Juan 3:16-17.

«Jesús dijo que el Espíritu de Dios podía entrar en mi corazón y ayudarme a cambiar. *¿Cómo es posible que el Espíritu de Dios entre en mi cuerpo, en mi corazón? ¿Cómo puedo creer en algo que no puedo ver ni tocar?*». Ver la Biblia, Juan 3:1-15.

«Continué leyendo y descubrí que Jesús había dicho que los ladrones vienen a robar, matar y destruir, mientras que él había venido para que tengamos vida "abundante"». Ver la Biblia, Juan 10:10.

«Cuando me encontraba con los textos sobre la curación de los paralíticos, los ciegos, los sordos, por lo general los pasaba por alto». Ver la Biblia, Mateo 11:1-6.

«Dime, Robby, ¿cómo explicas la experiencia de los hombres más cercanos a Jesús, que más tarde lo vieron morir en la cruz? Ellos enterraron su cuerpo y luego afirmaron que lo habían visto resucitar, tal como lo había prometido».Ver la Biblia, Mateo 27–28; Juan 19–21; Hebreos 11:35–12:2.

«¿Leíste sobre todas esas personas, más de quinientas, que afirmaron haberlo visto resucitado?». Ver la Biblia, 1 Corintios 15:1-8.

«Sé que si un hijo desobedece a su padre, debe disculparse y pedir perdón». Ver la Biblia, Efesios 6:1.

«Algo pugnaba por abrir las puertas cerradas de mi corazón». Ver la Biblia, Apocalipsis 3:20.

¿Qué decisión iba a tomar con relación a Jesús? ¿Iba a rechazarlo, por considerarlo un loco como mi madre, o me arriesgaría una vez más a tener esperanza y aceptar que él era quien afirmaba ser? Ver la Biblia, Mateo 16:13-17.

Capítulo 19

«Uno de los dos acabaría mal, como en aquella famosa pelea entre Ralph y Jack en *El señor de las moscas*». Ver *Lord of the Flies* de William Golding, Perigee, 1976, p. 169.

«Sin embargo, de pronto recordé las palabras de Jesús: "Si alguien te da una bofetada en la mejilla derecha, vuélvele también la otra"». Ver la Biblia, Mateo 5:39.

«Le di la vuelta al libro y leí el versículo: "La respuesta amable calma el enojo"». La Biblia, Proverbios 15:1.

«Volví a leer el libro *Up from Slavery* [Ascenso desde la esclavitud] de Booker T. Washington, en busca de estímulo. Una de las frases del autor decía: "Un joven negro se inicia en la vida con todas las presunciones en su contra"». *Up from Slavery* de Booker T. Washington, Signet Classics, 2000, p. 25.

Capítulo 21
«Y ahora, el Dios del universo quería adoptarme así, "tal como era"... ¡a mí!». Ver la Biblia, Romanos 8:14-17.

Capítulo 23
«De pronto [...] sentí que el puño de mi mano derecha se ponía tenso y se cerraba. ¡Me daba cuenta de que se estaba burlando de mí! Mi "viejo yo" me asaltó como un felino que había estado al acecho.

»Una voz que me era familiar y solo yo podía oír parecía reírse de mí desde la vegetación que rodeaba la cancha de juego. *¡Dale un puñetazo! ¡Golpea, golpea! ¡Derríbalo de un golpe y déjalo magullado por una semana!*

«No puedes escapar de tu pasado. ¡Hazlo! ¡Hazlo ya!».
Ver *Lord of the Flies* de William Golding, Perigee, 1976, pp. 136, 143-144.

«Vuelve la otra mejilla y aléjate del lugar». Ver la Biblia, Mateo 5:39.

Capítulo 24
«Sin embargo, poco después escuché la historia de Corrie ten Boom». Ver *El refugio secreto* de Corrie ten Boom, Elizabeth Sherrill y John Sherrill, trad. Carmina Pérez, Editorial Vida, Miami, 1999.

Capítulo 26
«Soportar a estas dos mujeres debió ser semejante a vivir atormentado por las arpías que se describen en el *Infierno* de Dante; mi padre

no halló la manera de librarse de sus garras y constantes picotazos». Ver *La divina comedia* de Dante Alighieri, Signet Classics, 2001, pp. 118, 124 en el original en inglés, publicado por primera vez posiblemente en 1341. En el Canto XIII, Dante es conducido a lo que se conoce como el Segundo Recinto del Séptimo Círculo del Infierno, el lugar reservado para quienes cometieron violencia contra sí mismos. Allí son atormentados constantemente por arpías.

Capítulo 27

«El quinto mandamiento: "Honra a tu padre y a tu madre", seguía incomodándome». La Biblia, Éxodo 20:12.

«Abrí la Biblia al azar, y allí estaba el texto: "Depositen en él toda ansiedad, porque él cuida de ustedes"». La Biblia, 1 Pedro 5:7.

«En el transcurso de la semana siguiente me sentí en paz tanto mental como emocionalmente». Ver la Biblia, Filipenses 4:7.

«Al tomar la decisión de no ser una víctima paralizada por los traumas de mi niñez, me sentí libre al fin, como si me hubieran quitado las pesadas cadenas que me sujetaban». Ver la Biblia, Gálatas 5:1.

Epílogo

«Cuando busqué en Dios la esperanza que todos pueden tener, independientemente de su raza, lengua o cultura, aprendí que nada de lo que yo me pueda hacer yo mismo o de lo que otros me hagan, ni el abuso ni la apatía, nada de lo que me sucedió o pueda sucederme —ni siquiera la muerte— me podrán separar del amor de Dios». Ver la Biblia, Romanos 8:38-39.

SOLO

Una vida en busca de esperanza y un hogar

Guía de discusión

Capítulo 1: Abandonado

El pequeño Robby, de tres años, debió soportar hechos abrumadores y circunstancias no elegidas. ¿Qué sucesos y circunstancias debieron vivir algunas personas que usted conoce?

¿En qué momento, aparte de el de ser abandonado en un orfanato, alguien podría sentir una soledad tan desesperanzadora como para decir: «Solo quedaba una persona que me podía abrazar... yo mismo»?

Capítulo 2: Los niños más pequeños

En este capítulo se muestra la vida en los orfanatos de los Estados Unidos en los años 1950 y 1960. ¿Qué aspectos de esta vida resultaron nuevos para usted?

¿Qué tipo de atención brindaba la iglesia en Princeton? ¿Qué papel cree que debería desempeñar una iglesia para ayudar a los huérfanos?

¿Cómo se siente acerca de Nola? ¿Qué efectos cree que ella podría tener sobre el futuro de sus chicos?

Capítulo 3: El tornado

¿Por qué Robby dejó de llamarle «mamá» a Joyce y comenzó a llamarla «madre»?

¿Qué piensa usted de esto?

Capítulo 4: Diferentes

El autor dice que los niños que conoció en el Hogar «preferían vivir con una familia pobre, pero que los amara; vestir ropa vieja, pero que sus padres los cuidaran; y no tener casa, pero saber que alguien quería tenerlos a su lado». ¿Cree que esto es típico de los niños? ¿Por qué sí o por qué no?

Los niños más pequeños del Hogar creían que sus vidas mejorarían si podían regresar con sus familias. Si estuviera aconsejándolos, ¿qué les diría?

¿Por qué Robby lloraba con hondos gemidos, renunciando a la esperanza? ¿Cómo alentaría usted a alguien que sintiera esa clase de desesperación?

Capítulo 5: Secuestrado por mi madre

Si una sobrina o sobrino cercano a usted hubiera sido secuestrado como lo fue Robby,

¿Cómo trataría de ayudarle a que entendiera por qué sucedió? ¿Cómo ayudaría a lograr su recuperación?

¿Cómo describiría la relación de Robby con Dios al final de este capítulo?

Capítulo 6: Los médicos

¿Cómo respondería a las observaciones de Robby acerca de que «las niñas eran más agradables y más fáciles de criar, mientras que los varones tenían más probabilidades de ser abandonados»?

En el viaje de regreso en tren después de visitar a los médicos, Robby hizo una pregunta que lo perseguía y nunca antes había hecho. ¿Cuál fue? ¿Qué otros tipos de experiencias (divorcio o la muerte, por ejemplo) podrían llevar a alguien a plantearse esa pregunta?

Robby además preguntó: «¿Yo también me puedo volver loco?», temiendo que pudiera sucederle lo mismo que a sus padres. ¿Cómo le respondería a un niño que lucha con estas preguntas?

Capítulo 7: El regalo de Gigi

¿Qué quiere decir Gigi cuando afirma: «La clase no depende del dinero, sino del carácter»? ¿Cómo definiría usted la clase? ¿Cómo definiría el carácter?

Si estuviera haciendo un dibujo de la dinámica entre la madre de Robby, el padre y Pauline, ¿qué aspecto tendría ese dibujo?

Capítulo 8: La decisión

¿Por qué rechazó Robby el cuidado de una familia adoptiva? ¿De qué manera una cita de *Anne of Green Gables* afectó su decisión?

Si usted hubiera estado en el lugar del autor, ¿qué decisión podría haber tomado sobre una familia adoptiva? ¿Por qué?

Capítulo 9: Atlanta

¿Cuáles son sus impresiones de Pauline y el resto de la familia de Robby en Atlanta?

Nola esperaba y oraba para que Robby fuera rescatado como el personaje de ficción, Oliver Twist. ¿Qué deseaba ella que sucediera? ¿Cómo habría orado usted por Robby en ese momento?

Capítulo 10: ¿Podré vivir con ellos?

¿Qué sintió usted cuando «como una mamá osa que sabe que llegó la hora de que su cachorro se independice, [Nola] se volvió y se alejó»? ¿Le ha sucedido algo similar, ya sea como hijo o padre? Si es así, ¿cuál fue el resultado?

¿Cómo se aplica a Robby la frase: «Un silencio muy elocuente me comunicó todo lo que no quería oír»? ¿Alguna vez ha experimentado tal silencio? Si es así, ¿cómo respondió?

Capítulo 11: ¿Por qué?

El capítulo termina con la frase: «Mi tono era frío y cortante, pero en mi interior ardía de rabia». Sin tener en cuenta el resto del libro, ¿dónde predeciría usted que el autor podría terminar como adolescente y adulto? ¿Por qué?

Capítulo 12: Ingresos propios

Robby decidió: «El dinero representaría mi salvación». ¿Cree que esta actitud es común en nuestra cultura?

¿Qué piensa usted sobre las opciones de inversión del autor? ¿Qué le dicen sobre sus valores en ese punto?

¿Qué aspectos del punto de vista de Booker T. Washington acepta Robby? ¿Cuáles rechaza?

Capítulo 13: El reencuentro

¿Qué piensa de la escena de la madre en el restaurante?

¿Qué motivó a Robby a sostener la mano de su madre? ¿Cómo reaccionó usted ante ese momento? ¿Por qué?

El autor escribe: «El león de mi furia interior despedazó al cordero de la compasión». ¿Alguna vez ha experimentado un enfrentamiento similar? ¿Alguna vez su «cordero» ha superado a su «león»? ¿Qué ha aprendido de estas batallas?

Capítulo 14: Algunos hombres buenos

¿Qué pensó usted de los hombres que trataron de influir positivamente en Robby? ¿De qué manera eran comunes? ¿De qué manera eran especiales?

¿Por qué los niños sin padre y las niñas sin madre necesitan mentores? ¿Qué oportunidades de tutoría existen en su comunidad?

Robby le hizo a Marv una pregunta, pero se negó a creer la respuesta. ¿Cuál fue la pregunta y por qué Robby no podía aceptar la respuesta?

Capítulo 15: El rebelde

¿Qué estaba sucediendo en el interior de Robby que los chicos «comunes y corrientes» no entendían?

¿Qué dolores, de los que usted no tuviera conocimiento, podrían sentir las personas que lo rodean en su barrio, la iglesia, el trabajo o la escuela? ¿Qué primer paso podría llevarlo a comprenderlas?

Capítulo 16: Una mala racha

¿Por qué a Robby no le gustaba la Navidad?

¿Cuál fue la primera respuesta de Dave a los muchachos adolescentes del Hogar? ¿Cómo lo trataron? ¿Cómo crees que Dave logró resistir?

«Si debo soportar esta clase de angustia, otras personas también tendrán que sufrir».

¿Qué le dice esto acerca de las causas de cierta violencia que existe en nuestra sociedad, en especial entre los adolescentes?

Capítulo 17: El salvavidas

¿Cuáles eran los planes de Robby en el campamento de la iglesia?

A juzgar por lo que Robby le dijo a la muchacha en la canoa, ¿cómo se sentía acerca de Dios? ¿Qué piensa usted de esta opinión?

Capítulo 18: Dios, ¿realmente existes?

¿Ha usted preguntado o escuchado a otros preguntar sobre algunas de las dudas espirituales con las que Robby luchaba en este capítulo? Si es así, ¿cuál fue el resultado?

¿Cómo influyó la opinión de Robby acerca de su padre biológico en su lucha espiritual?

¿Cuál fue el punto al que Robby decidió que se reducía todo?

¿Qué *no* experimentó Robby después de haber orado? Sin embargo, ¿qué supo él que había sucedido?

Capítulo 19: Un nuevo comienzo

A Robby le preocupaba quedar aislado si alguien descubría que venía de un orfanato. ¿Cómo son marginadas a veces las personas por motivos de raza, clase social o nivel económico? ¿Qué otros factores pueden llevar al aislamiento?

En sus palabras de despedida, ¿qué le pidió Nola a su «pequeño Robby» que nunca olvidara?

¿Qué parte del ejemplo de Booker T. Washington quiso seguir Robby en ese momento?

Capítulo 20: El primer año en la universidad

¿Por qué Robby se presentó en el campus universitario como Rob?

¿Qué experiencias y recursos tienen los niños «normales» de hogares y familias «reales» que no existían en los días universitarios de Rob?

¿Alguna vez ha tenido dificultades para controlar su mente, detenerse y escuchar a Dios? ¿Cómo maneja esto?

Capítulo 21: Un hogar

Durante el viaje en autobús, ¿de qué manera era Rob «invisible»?

«Un hogar es el lugar donde uno no siente que está de visita». ¿Dónde se siente usted más en casa?

«Llámame Padre, Rob. Llámame hogar». Cuando el autor reaccionó con indignación a esta oferta, ¿cómo se sintió usted? ¿Cómo respondería a la aceptación final de Rob de la adopción por parte de Dios?

Capítulo 22: La revelación

Una vez llegado a este punto de la historia, ¿había adivinado usted por qué Rob no se crió en Atlanta? ¿Qué piensa acerca de la razón?

Si hubiera conocido la razón, pero no hubiese podido hacer nada al respecto, ¿qué le habría dicho a Rob? ¿Por qué?

Capítulo 23: De voluntario en África

¿Está de acuerdo con las definiciones de justicia, misericordia y gracia? ¿Por qué sí o por qué no?

¿Cómo estaban impidiendo las termitas que Rob diera un paso importante en el proceso de aprender a confiar?

¿En qué se diferenciaban Rob y Dapala? ¿En qué se parecían? ¿Qué significa para usted que ambos pudieran orar al mismo Dios?

Capítulo 24: ¿Perdonar?

¿Quién y qué hicieron que Corrie ten Boom sintiera la necesidad de perdonar?

¿Por qué Rob dudaba acerca de poder perdonar a algunos de sus parientes?

Si usted fuera Rob, ¿hubiera encontrado fácil perdonar? ¿Por qué sí o por qué no?

Capítulo 25: Mi abuela Pauline

¿Habría usted comenzado el viaje del perdón con Pauline, la madre o el padre? ¿Por qué?

¿Alguna vez ha tenido que perdonar a alguien cuando sentía que no podía hacerlo? ¿El proceso fue similar al que Rob describe? Explique.

Capítulo 26: Mi padre

«¿Cómo pudiste abandonarme?» no es una pregunta que solo hagan los niños en los orfanatos. ¿En qué otras circunstancias podría alguien preguntar eso?

¿Cómo afectó el intento de suicidio del padre de Rob a otros miembros de la familia?

«No pueden salvar a alguien que no desea ser salvado». ¿Qué significa esta frase?

Capítulo 27: Mi madre

¿Cómo le explicaría la frase de apertura del capítulo a alguien que nunca haya oído hablar de Dalí o Kafka?

¿Qué es lo que les resulta más difícil a algunas personas a fin de renunciar a la amargura, la rabia, el resentimiento o el odio?

Perdonar liberó a Rob de una mentalidad de víctima. ¿Por qué esto es tan importante?

¿Qué le aconsejaría a alguien emocionalmente lastimado para que pueda comenzar el proceso de sanidad?

Capítulo 28: Los niños perdidos

¿Cómo demostró el trabajo de Rob como voluntario del grupo de jóvenes de la iglesia con los «niños abandonados» del Hogar Nat Green que él estaba saliendo de su infancia? ¿Qué cosas cree que le permitieron hacer eso?

¿Por qué lloró Rob durante su graduación de la universidad?

Lea la oración de Rob en la graduación. ¿Es esa una oración que usted podría hacer? ¿Por qué sí o por qué no?

Capítulo 29: El encuentro con Susan

Rob luchó contra su atracción inicial hacia Susan. ¿Ha experimentado usted alguna vez una lucha interior en la que pareciera estar recibiendo consejos contradictorios de las «partes» opuestas? ¿Qué sucedió?

¿Puede identificarse con la torpeza de la primera cita de Susan y Rob? Si es así, ¿de qué forma?

¿Cómo se siente en cuanto a la reacción del autor ante la muerte de su madre? ¿Cómo podría haber reaccionado usted en circunstancias similares?

Capítulo 30: El noviazgo

¿Está de acuerdo con el autor en que la belleza interior de una buena mujer puede inspirar a un hombre para que se convierta en una persona mejor? ¿Por qué sí o por qué no?

¿Por qué podrían algunas chicas haber dejado de salir con Rob motivadas por su infancia? ¿Tendría eso sentido para usted?

¿Cómo respondió Susan cuando Rob le habló de su pasado? ¿Cómo hubiera respondido usted?

Capítulo 31: Separados

¿Por qué cree que Rob no tenía idea de los sentimientos de Susan con relación a su «safari por los Estados Unidos»?

Si usted estuviera aconsejando a Susan y Rob durante esta etapa de su relación, ¿qué le diría a Susan sobre su necesidad de ser necesitada? ¿Qué le aconsejaría a Rob?

Capítulo 32: Temor a formar una familia

¿Qué temor de su infancia resurgió mientras Rob luchaba con la idea de pedirle a Susan que se casaran?

¿En qué se asemejaban sus conflictos a los de muchas parejas que piensan casarse?

El autor enumera a varias personas que influyeron en su visión de lo que significa ser un hombre y un padre. ¿Quiénes son las tres personas que más han moldeado su visión de lo que significa ser un «verdadero» hombre o una «verdadera» mujer? ¿Cómo influyeron estas personas en su vida?

Capítulo 33: El fin de un ciclo

¿Cómo se siente acerca de la visita de Susan y Rob a Gigi en el asilo de ancianos?

¿Qué le dice sobre la relación entre el autor y su abuela?

¿Cuáles son las dos cosas que Gigi deseaba ver y por las que siempre oraba?

¿Por qué Rob cruza los brazos contra el pecho y comienza a mecerse de lado a lado al final del capítulo? ¿Cómo habían cambiado las cosas desde que hiciera lo mismo cuando era niño?

¿Cuáles fueron sus sentimientos al final de la historia? ¿Cómo describiría usted el papel de Dios a fin de ayudar al autor a regresar finalmente al «hogar»?

Epílogo

El libro comienza con esta cita de Booker T. Washington: «El hombre es fruto del carácter, no de las circunstancias». El epílogo contiene un comentario de Rob: «La marca de una persona, a mí entender, no está en las acciones, sino en las reacciones». ¿En qué se parecen estas declaraciones? ¿Está usted de acuerdo o en desacuerdo con ellas? ¿Por qué?

Basándose en esta historia, ¿cuál cree que es el mejor camino para curar a alguien que ha sido herido en su pasado? ¿Qué principio de este libro le gustaría poner más en práctica durante el próximo año?

Nos agradaría recibir noticias suyas.
Por favor, envíe sus comentarios sobre este libro
a la dirección que aparece a continuación.
Muchas gracias.

vida@zondervan.com
www.editorialvida.com